中等职业教育汽车专业理实一体化系列教材

电动汽车电池及管理系统保养与检修

（彩色版配实训工单）

主　编　秦国锋　李国帅　邓　森

副主编　黄清敏　黄祖朋　李　铭　周宜欣

参　编　糜沛纹　郑立云　张云莉　杨雯铃
　　　　周炳丽　李阳洋　喻　元

机械工业出版社

本书以"岗课赛证"融通为背景、以"工作过程系统化"的课程开发范式为指导进行开发、以企业真实工作岗位中的典型工作任务为载体，将全国职业院校技能竞赛和职业技能等级证书要求中"有品、有质"的育人元素进行适当渗透，注重高阶思维能力的培养，以此形成综合化育人教材。

本书包含3个项目，9个学习任务，并配有实训工单。实训以国赛车型为主，同时融入市场主流车型及技术。经过对本书的系统化学习，学生可掌握行业企业中的典型工作任务，习得职业技能等级证书中的职业标准，了解职业技能竞赛中的代表性工作任务，对学生综合职业能力的培养具有重要意义。

本书配备了相应的课程标准、课程大纲、电子课件、视频动画、任务工单等教学资源，适用于开设新能源汽车检测与维修相关专业的中等职业学校，也可供汽车技术培训机构使用，或作为"1+X"考证的学习参考书。

图书在版编目（CIP）数据

电动汽车电池及管理系统保养与检修：彩色版配实训工单 / 秦国锋，李国帅，邓森主编. — 北京：机械工业出版社，2024.2
中等职业教育汽车专业理实一体化系列教材
ISBN 978-7-111-74961-5

Ⅰ.①电… Ⅱ.①秦… ②李… ③邓… Ⅲ.①电动汽车–蓄电池–车辆保养–中等专业学校–教材 ②电动汽车–蓄电池–车辆检修–中等专业学校–教材 Ⅳ.①U469.72

中国国家版本馆CIP数据核字（2024）第043449号

机械工业出版社（北京市百万庄大街22号　邮政编码100037）
策划编辑：齐福江　　　　　　责任编辑：齐福江
责任校对：郑　婕　陈　越　　封面设计：陈　沛
责任印制：刘　媛
涿州市般润文化传播有限公司印刷
2024年5月第1版第1次印刷
184mm×260mm・13.75印张・225千字
标准书号：ISBN 978-7-111-74961-5
定价：59.90元

电话服务　　　　　　　　　网络服务
客服电话：010-88361066　　机　工　官　网：www.cmpbook.com
　　　　　010-88379833　　机　工　官　博：weibo.com/cmp1952
　　　　　010-68326294　　金　书　网：www.golden-book.com
封底无防伪标均为盗版　机工教育服务网：www.cmpedu.com

FOREWORD
前　言

　　我国已成为新能源汽车的第一大市场，新能源汽车保有量超千万辆，占全球新能源汽车保有量的 50% 以上。随着《新能源汽车产业发展规划（2021—2035 年）》等国家政策的颁布，各大车企纷纷加大研发力度，不断突破新技术、新工艺、新方法，新能源车型更新迭代迅速。新能源汽车的核心系统和关键技术是"三电"，即电池、电机、电控，相比于传统内燃机汽车，对电气、电子、通信、软件等知识技能提出了更高的要求。以培养汽车后市场人才为定位的中等职业教育难以适应此发展节奏，致使培养的人才无法满足新能源汽车行业的需求。

　　在此背景下，各大职业院校相继将职业技能竞赛、职业技能等级证书作为深化产教融合的推进器，以求增强职业教育适应性，提升人才培养质量，但在实践过程中，存在"岗课疏离，赛证脱节"现象，忽视课程教材的根本性地位，既违背职业教育"立德树人"的宗旨，又造成教育资源的浪费。基于此，2021 年 4 月，全国职教大会提出"岗课赛证"融通的综合育人模式；2021 年 10 月，中共中央、国务院印发《关于推动现代职业教育高质量发展的意见》，提出切实完善"岗课赛证"综合育人机制，将证书、竞赛所体现的先进育人元素及时融入课程；2021 年 12 月，教育部连续两次发文，提出大力开展"岗课赛证"融通型课程、教材建设工作。一系列政策的出台，既体现国家对"岗课赛证"融通工作的高度重视，又反映当前职业教育教材改革的迫切需求。

　　教材以"岗课赛证"融通为背景，以"工作过程系统化"的课程开发范式为指导，以企业真实工作岗位中的典型工作过程为基准，将全国职业院校技能竞赛和职业技能等级证书要求中"有品、有质"的育人元素进行适当渗透；突出综合职业能力在行动导向课程中的培养，以微观项目的完成度为依据，以学习任务为载体，以普适性工作过程为评价深度，以典型工作过程为评价广度，侧重过程性考核在教材学习质量评价中的占比。

为推进党的二十大精神进教材、进课堂、进头脑，在每章中都增加了素养目标的内容，旨在培养学生的探索和创新精神，提高动手实践能力，养成良好的职业素养。为保证教材开发质量，编写团队依托广西师范大学资源优势，联合上汽通用五菱汽车股份有限公司、柳州赛克科技发展有限公司、桂林市机电职业技术学校等单位共同编写，形成了学科专业领域专家主导，教科研人员支撑，一线教师实践，行业企业技术人员和能工巧匠配合的团队结构。本套教材选用全国职业院校技能竞赛指定车型，教材内容均在实车上进行了验证。

科技兴则民族兴，科技强则国家强。党的二十大报告指出，必须坚持科技是第一生产力、人才是第一资源、创新是第一动力，深入实施科教兴国战略、人才强国战略、创新驱动发展战略，开辟发展新领域新赛道，不断塑造发展新动能新优势。

本套教材适用于中职学校新能源汽车检测与维修相关专业，也可作为"1+X"考证、新能源汽车售后维修等培训用书。

由于编者水平有限，书中若有不当之处，望请指正。

编　者

二维码清单

名称	二维码	页码	名称	二维码	页码
动力电池外观检查		013	无法充电故障诊断		101
动力电池冷却液更换		036	高压绝缘故障诊断		110
动力电池拆装与检修		050	高压互锁故障诊断		119
高低压充电系统检查		071	电池管理系统电源故障诊断		142
车载充电机拆装与更换		080			

CONTENTS 目 录

前言
二维码清单

项目一 动力电池的保养与检修 ··· 001

学习任务一　动力电池外观检查 ··· 002
学习任务二　动力电池冷却液更换 ··· 027
学习任务三　动力电池拆装与检修 ··· 042

项目二 高低压充电系统的检修 ··· 057

学习任务一　高低压充电系统检查 ··· 058
学习任务二　车载充电机拆装与更换 ······································· 077
学习任务三　无法充电故障诊断 ··· 091

项目三 电池管理系统的检修 ·· 106

学习任务一　高压绝缘故障诊断 ··· 107
学习任务二　高压互锁故障诊断 ··· 114
学习任务三　电池管理系统电源故障诊断 ··································· 130

参考文献 ··· 150

项目一 动力电池的保养与检修

　　动力电池是电动汽车的动力源，是电动汽车得以运行的能量储蓄装置，其结构相对复杂，一般由单体电池构成电池模组，再由电池模组组成动力电池。动力电池作为电动汽车的关键部件，直接关乎整车成本、续驶里程、动力性、安全性等指标。动力电池外观检查、动力电池冷却液更换、动力电池拆装与检修是电动汽车售后岗位的三大典型工作任务。

　　本项目核心任务融通情况如下所示。让我们行动起来吧！

学习任务一 动力电池外观检查	学习任务二 动力电池冷却液更换	学习任务三 动力电池拆装与检修
·执行电动汽车维保作业准备	·执行电动汽车维护作业准备	·执行电动汽车维护作业准备
·执行车辆标准上下电	·检视冷却液液位及冰点	·读取动力电池数据流并记录
·检视动力电池标签信息	·检视散热器等有无泄漏、变形	·检查组件外观是否变形、有油液
·检视动力电池相关部件外观	·检视冷却系统软管的连接情况	·检测电池断电电压、等位线等
·执行清洁灰尘杂物工作	·检视水泵等外观是否变形、有油液	·排放冷却液并收集
·拆卸相关覆盖件	·检测电池断电电压、等位线等	·执行动力电池拆卸
·检测电池断电电压、等位线	·排放冷却液并收集	·执行动力电池安装
·检测动力电池绝缘电阻	·加注冷却液、控制水泵运转排气	·加注冷却液、调试冷却系统
·检修更换动力电池防撞装置	·读取冷却系统数据判断异常	·读取动力电池数据流并对比
·执行复检验收车辆工作	·执行复检验收车辆工作	·执行复检验收车辆工作

学习任务一　动力电池外观检查

任务导入

一辆2018款的吉利帝豪EV450已行驶2万km，需要到店进行维护与保养。由于电动汽车底盘较低，容易发生剐蹭，所以动力电池外观的检查是一项重要工作，直接影响整车安全性。请你作为维修技师完成此项任务，并将实训工单填写完毕。

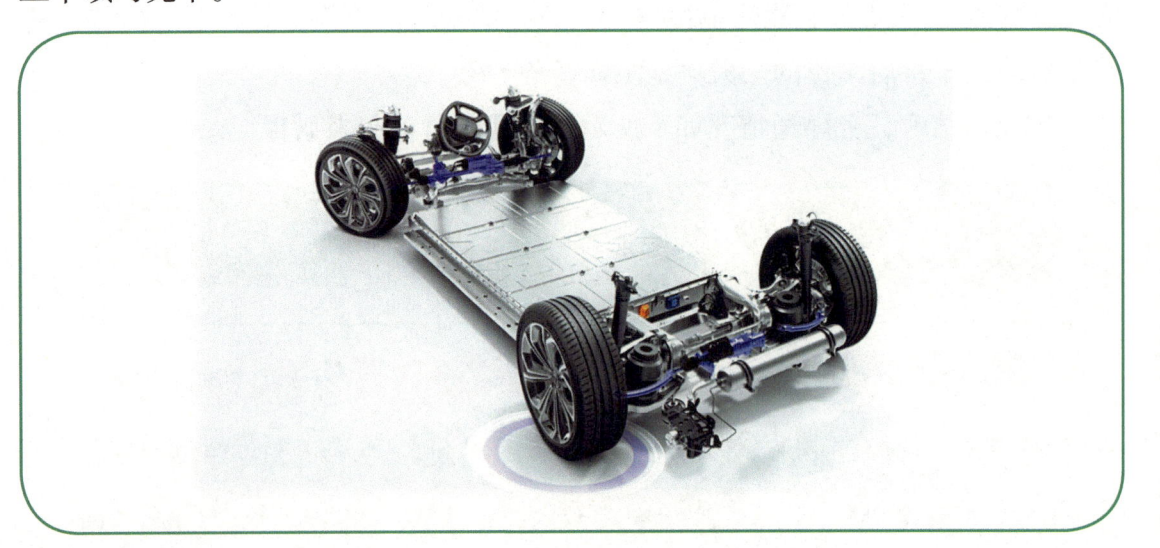

知识目标

> 能够掌握电动汽车高压安全常识。
> 能够明确动力电池的作用、类型。
> 能够掌握各种类型动力电池的用途。
> 能够掌握复检验收车辆所需的基础知识。

技能目标

> 能够执行电动汽车维护与保养作业准备。
> 能够检视动力电池标签、相关部件外观、清洁灰尘杂物。
> 能够检测动力电池等位线、动力电池电压、绝缘电阻。
> 能够检修更换动力电池防撞梁。
> 能够复检验收车辆。

素养目标

> 能够具备分析问题和解决问题的能力。
> 能够养成团队协作、爱岗敬业的职业素养。
> 能够具备严谨规范、精益求精的工作态度。
> 能够具备诚信友善、追求创新的职业精神。
> 能够具备终身学习的意识。

重点

> 执行动力电池系统部件的维护与保养。
> 掌握接地电阻测试仪的使用方法。
> 掌握绝缘电阻测试仪的使用方法。

难点

> 执行作业准备环节的实施步骤。
> 更换低压线束插接器。
> 执行车辆复检工作。

知识链接

一、动力电池的作用与安装位置

动力电池被视为电动汽车的"心脏",为电动汽车提供行驶能量,其性能表现直接决定了车辆的续驶、安全等指标。尽管目前大部分电动汽车的锂离子电池都应用了轻量化技术,但电池的重量仍不可小觑。为了不影响电动汽车的操控性能、乘坐空间、储物空间等,大部分车型的动力电池被布置在乘员舱下方,如图1-1所示。

图1-1　大众ID.6电动汽车动力电池安装位置

二、动力电池的类型

动力电池结构复杂，但是从电池原理的角度，可以归纳为三类，即物理电池、化学电池、生物电池，如图 1-2 所示。物理电池是利用风力、水力、潮汐能等物理能量发电的电池；生物电池是利用生物化学反应发电的电池，如微生物电池、酶解电池等。物理电池和生物电池技术不够成熟，应用较少。

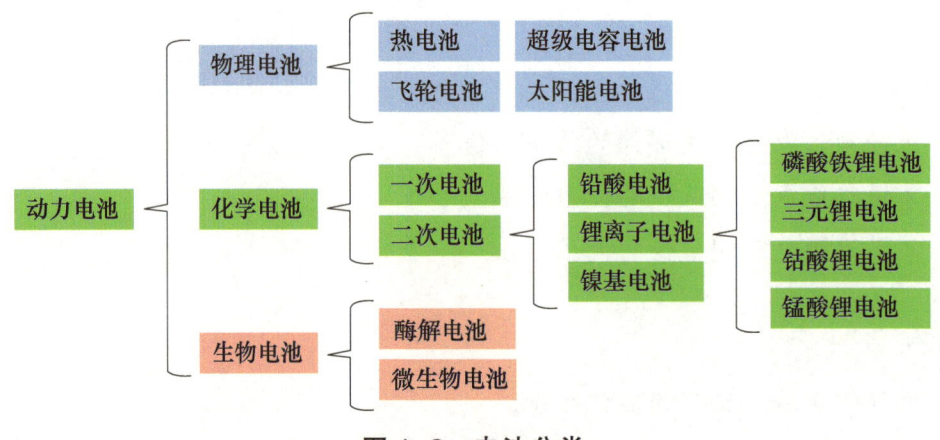

图 1-2　电池分类

在电动汽车上最常用的是化学电池，化学电池是指通过化学变化产生电能的装置，可以分为一次电池、二次电池两大类。一次电池只能放电一次，二次电池可反复循环使用。在汽车上还有一种燃料电池，它是一种把燃料所具有的化学能直接转换成电能的装置。二次电池又可以归类为铅酸电池、锂离子电池、镍基电池。锂离子电池（简称"锂电池"）具有质量轻、能量大的特点，既能保证电动汽车的续驶里程，又能满足电动汽车的轻量化需求，因此，锂电池在电动汽车时代发挥了重要作用。

根据正极材料的不同，锂电池可以分成许多种类，主流类别有磷酸铁锂电池、三元锂电池、钴酸锂电池、锰酸锂电池等。在小型乘用车领域，应用最广泛的是磷酸铁锂电池和三元锂电池。

1. 磷酸铁锂电池

磷酸铁锂电池正极材料为磷酸铁锂（$LiFePO_4$），负极材料为石墨。其单体电池标称电压在 3.2V 左右，充电终止电压在 3.7~4.0V 之间，放电终止电压在 2.0~2.5V 之间。磷酸铁锂电池的结构包括正极材料、负极材料、隔膜和电解液等，如图 1-3 所示。

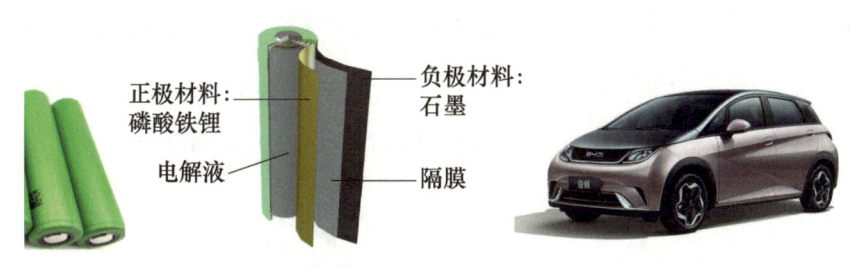

图 1-3　搭载磷酸铁锂电池的 2023 款比亚迪海豚

磷酸铁锂电池具有循环寿命高、使用安全、可大电流快速放电、热稳定性好、金属资源丰富、无记忆效应等优点，很多电动汽车生产厂商选用磷酸铁锂电池。不过，磷酸铁锂电池有一个致命性的缺点，那就是低温性能较差。试验表明：一块容量为 3500mA·h 的电池，如果在 −10℃ 的环境中工作，经过不到 100 次的充放电循环，电量将急剧衰减至 500mA·h。

比亚迪汽车旗下大部分车型均采用磷酸铁锂电池，如 2017 款比亚迪 E6、2017 款比亚迪秦、2022 款比亚迪唐。近几年，很多国产车型开始向磷酸铁锂电池发展，如五菱宏光 MINIEV 等。

2. 三元锂电池

三元锂电池正极使用三元金属氧化物材料，即镍钴锰酸锂（$LiNi_xCo_yMn_{1-x-y}O_2$，NCM）型和镍钴铝酸锂（$LiNi_xCo_yAl_{1-x-y}O_2$，NCA）型两种，负极材料为石墨，如图 1-4 所示。其单体电池标称电压为 3.7V 左右，充电终止电压在 4.0~4.25V 之间，放电终止电压在 2.5~2.8V 之间。

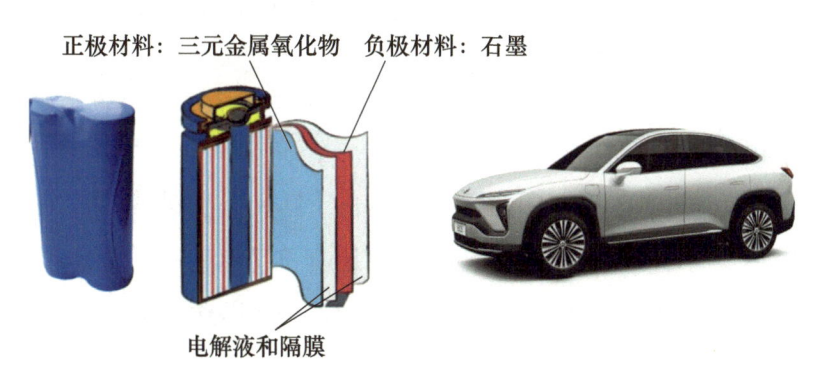

图 1-4　搭载三元锂电池的 2020 款蔚来 EC6

三元锂材料是最近几年发展起来的新型锂电池正极材料，综合了钴酸锂、镍酸锂和锰酸锂三类材料的优点，存在三元协同效应，里面钴、镍、锰的比例可以根据实际需要调整，因此称作三元锂电池。其体积较小，能量密度更高，耐低温、循环性能也更好，目前在电动汽车中广泛应用。但是其也存在致命缺点，即热稳定性较差，在250~300℃高温就会产生分解，并且三元锂材料的化学反应尤其强烈，一旦释放氧分子，在高温作用下电解液迅速燃烧，随即发生爆燃现象。

3. 钴酸锂电池

钴酸锂（$LiCoO_2$）电池正极材料为钴酸锂，负极材料为石墨，如图1-5所示。其单体电池标称电压在3.7V左右，充电时终止电压会达到4.2V；钴酸锂电池放电时，电压在3.6V以后会迅速下降，最小放电终止电压为2.75V左右。

图1-5 早期搭载钴酸锂电池的2013款特斯拉Model S

钴酸锂电池具有结构稳定、比容量高、综合性能突出、电化学性能优越、加工性能优异、振实密度大、能量密度高等优点，有助于提高电池体积比容量，且产品性能稳定。但是钴酸锂电池也有不少缺点，首先是使用钴酸锂电池制成的电池包，成本较高；其次其安全性差、热稳定性差，遇到高温或者撞击会释放氧气及大量热。因此，钴酸锂电池主要用于中小型号电池，广泛应用于笔记本计算机、手机等小型电子设备中。

4. 锰酸锂电池

锰酸锂（$LiMn_2O_4$）电池的正极采用尖晶石型或层状结构锰酸锂，负极材料为石墨，如图1-6所示。其单体电池标称电压在3.7V左右，充电时终止电压会达到4.2V；锰酸锂电池放电时，电压在3.6V以后会迅速下降，最小放电终止电压为2.0V左右。

相比钴酸锂等传统正极材料，锰酸锂具有资源丰富、成本低、无污染、安全性能好等优点。但是锰酸锂电池材料本身并不太稳定，容易分解产生气体，因此多和其他材料混合使用，以提升稳定性及降低电池成本，但其循环寿命衰减较快，容易发生鼓胀，高温性能较差，寿命相对较短，主要用于大中型号电池。

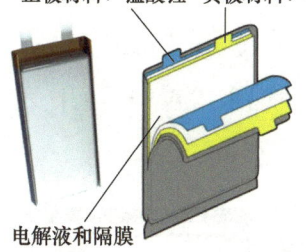

图1-6　早期搭载锰酸锂电池的2010款日产聆风

三、动力电池的外部附件

1. 动力电池壳体

动力电池壳体主要由电池上盖、托盘、各种金属支架和螺栓组成，可以看作电池的"骨骼"，起到支撑、抗机械冲击和机械振动及环境保护（防水防尘）的作用，如图1-7所示。

图1-7　动力电池壳体

动力电池底部与地面距离最近，是最容易受损的部位，当壳体表面有轻微划痕时，并不影响正常使用，当出现明显凹痕或破裂时，应及时进行更换，如图1-8、图1-9所示。

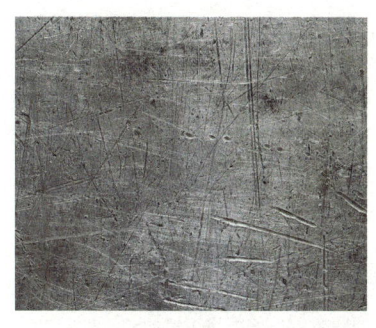

图1-8　动力电池壳体划痕受损　　图1-9　动力电池壳体破裂受损

2. 动力电池外观标识

动力电池的外观标识包括信息标签和警示标签，如图1-10、图1-11所示。信息标签内容主要包括电池种类、标称（额定）电压、电池（额定）容量、装置型号等信息。

额定电压也称标称电压，是指电池在常温下的典型工作电压。标称电压由极板材料的电极电位和内部电解液的浓度决定。

电池容量是指电池存储电量的大小，单位是"mA·h"，即毫安时；在衡量大容量电池时，为了方便起见，一般用"A·h"来表示，即安时，1A·h=1000mA·h。

图1-10 信息标签

图1-11 警示标签

3. 高压维修开关

不同车型的高压维修开关安装位置有所不同，但多位于车厢中部的扶手箱内、车厢后部的扶手箱内、储物箱内、动力电池总成上方等，如图1-12所示。其目的是将高压系统的电源断开，以实现高压系统的电气隔离，同时也可以起到短路保护的作用，在实际操作中需按照车辆维修手册提示进行查找。

图1-12 比亚迪e5车型的高压维修开关位置

随着电动汽车技术的更新迭代，多数新出厂的车型均摒弃了高压维修开关，而是采用直接切断高压母线的方式进行电气隔离。无论采用哪种方式，在进行实车作业时，均要进行下电操作，如图1-13、图1-14所示。

图1-13 北汽EV系列车型的高压维修开关

图1-14 吉利帝豪EV系列车型的高压维修开关

1）关闭电源开关，将钥匙置于安全处。断开低压蓄电池负极线，负极电缆接头用绝缘胶布包好；蓄电池负极桩头用盖子盖好或用绝缘胶布包好。

2）断开维修开关并妥善保管。一般新能源汽车设置有维修开关，断开维修开关（或母线）才可对新能源汽车进行维修。断开维修开关时需要穿戴好绝缘防护用品，并用盖子将接口封好或用绝缘胶布将维修开关接口封好。然后，放置车辆5~10min（不同厂家有不同要求），以便对新能源汽车的高压电容器进行放电。

3）断开动力电池高低压线束。穿戴好绝缘防护品，先断开动力电池低压线束，再断开高压线束（母线）。例如，对于北汽新能源汽车EV200来说，断开低压线束后，可以分3步将高压线束断开。第一，将蓝色的卡子向车辆前方扳动；第二，将棕色套子向前部扳动；第三，将棕色卡子向内用力按住，然后将线束向车辆前方拔出。

4）验电、放电。断开动力电池母线后，需要对动力电池的母线进行验电，如果母线有残余电荷，需用放电设备进行放电，确保动力电池母线无电。

4. 高低压线束

高压线束表皮颜色为黄色或橙黄色，目的是提醒操作人员此为高压元器件，操作时注意防止高压电击，如图1-15所示。高压电气连接系统设计时，要求插接器具备360°屏蔽层，并有效地和电缆屏蔽层连接，屏蔽层覆盖整个插接器长度，以保证足够的屏蔽功能，并尽量减少屏蔽界面之间的电阻。

图1-15 高压线束在机舱中的布置

电动汽车的低压线束与传统燃油汽车相同，通常低压线束数量较多，线束的粗细、颜色都是作为区分的依据。在一些使用年限较长的汽车上，烧蚀损坏是低压线束常见的故障，所以定期对汽车进行检视保养至关重要，如图1-16、

图 1-17 所示。

图 1-16　烧蚀后的高压线束　　　图 1-17　烧蚀后的低压线束

高低压线束的检查是电池外观检查任务的重要环节，主要是检查动力电池外部高、低压线束及插接件有无破损、腐蚀、虚接等问题。

1）检查动力电池高、低压插接器公插与母插连接的可靠性，若存在松动，则需要将插头重新插入。

2）检查插件内插针是否出现退针、弯曲等现象。

3）检查插件引脚是否出现变形、烧蚀等异常现象。

5. 线束插接器

线束插接器又称线束插接件，新能源汽车线束分为高压线束和低压线束，与之对应的线束插接器也有高低压之分。线束与线束、线束与电器部件之间的连接一般采用插接器，汽车线束插接器是连接汽车各个电器与电子设备的重要部件，如图 1-18、图 1-19 所示。

图 1-18　线束插接器　　　图 1-19　烧蚀后的线束插接器

为了防止插接器在汽车行驶中脱开，所有的插接器均采用了闭锁装置，如图 1-20 所示。拆开插接器时，首先要解除闭锁，然后把插接器拉开，不允许在未解除闭锁的情况下用力拉线束，这样会损坏闭锁装置或连接线束。

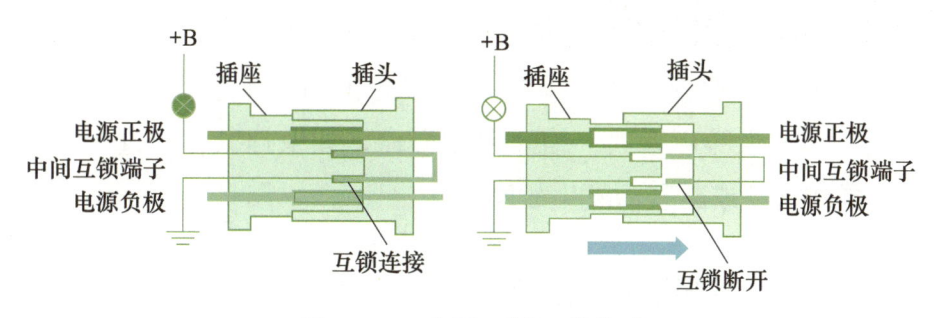

图 1-20 高压互锁开关构造

对于高压线路的插接器，还使用了高压互锁电路。高压互锁电路的作用是检测高压线束的连接情况，当某个高压插件未插接到位时，电池管理系统（BMS）检测到高压互锁电路断路或某个高压部件被打开，存在人员触电风险，就会切断高压电源，并通过整车控制器（VCU）使仪表点亮警告灯。

6. 动力电池固定螺栓

大多数纯电动汽车的动力电池总成通过螺栓与汽车的前围板加强梁、后底板和位于车身两侧的边梁固定连接。检视动力电池固定螺栓的外观，应光亮无锈蚀迹象、无明显裂痕，若存在问题，应及时进行修复，如图 1-21、图 1-22 所示；检视漆标是否对齐，若没对齐，则需要使用扭力扳手，按维修手册规定力矩紧固螺栓，如吉利帝豪 EV450 的拧紧力矩为 68~88N·m。

图 1-21 锈蚀的螺栓 1　　图 1-22 锈蚀的螺栓 2

（1）螺栓锈蚀的原因

1）电镀厂在电镀螺栓时，没有完全烘干，导致水汽残存；或是烘干后在包装时有冷凝水形成，导致发生不良的化学反应，使得螺栓生锈。

2）长期存放在湿潮的地方，螺栓慢慢被腐蚀，产生氧化，导致严重的生锈。

3）电镀螺栓时，因电镀不良或镀层太薄，导致生锈。

（2）螺栓拧紧力矩对设备的影响　如果拧紧力矩不够，会导致设备松动，使设备不能工作或者噪声增大，缩短使用寿命，如果拧紧力矩过大，会使螺栓屈服变形，导致松动或断裂而发生故障。

四、动力电池绝缘阻值检测方法

1. 绝缘失效的危害

电气系统如果出现绝缘失效，视程度不同，会造成不同的后果。系统中只有一个点绝缘出现故障，暂时对系统不会产生明显影响；若出现多点绝缘失效，则漏电流会在两点之间流动，在附近材料上积累热量，影响电器的正常工作，严重时，可能会引发火灾；最严重的情形是发生人员触电，如图1-23所示。

图1-23　绝缘失效导致人员触电

电气系统绝缘失效的常见原因，除了设计和制造问题以外，一般包括热老化、光老化、低温环境下的材料脆裂、固定不当引起的摩擦损伤等。

2. 动力电池的绝缘检测方法

动力电池系统的绝缘电阻测量，主要有两类方法：一类是交流信号注入法，另一类是外接电阻法。

交流信号注入法指给动力电池正负极之间注入一定频率的低压交流信号，通过测量系统反馈，获得系统的绝缘电阻。此方法的缺点是，测试信号在系统中容易形成纹波干扰，影响系统正常工作。

外接电阻法指在正负极之间接入一系列电阻，利用电路中设置开关的通断，可以获得两个状态下电阻上的电压值，通过列出电路状态方程，两个方程联立解出动力电池正极对地和负极对地的电阻值，判断电池正负极对地绝缘情况。

宁德时代新能源科技股份有限公司成立于2011年，是国内率先具备国际竞争力的动力电池制造商之一，专注于新能源汽车动力电池系统、储能系统的研发、生产和销售，致力于为全球新能源应用提供一流解决方案，核心技术包括在动力和储能电池领域，材料、电芯、电池系统、电池回收二次利用等全产业链研发及制造能力。2023年2月8日，全球动力电池企业排名出炉，宁德时代连续六年登顶世界第一。

技能链接

定期对动力电池进行外观检查，是电动汽车售后人员的典型工作任务。由于车型构造的差异，不同车型的保养周期和保养部件会有所差异。例如，五菱宏光 MINIEV 等国产微型电动汽车，每 12 个月或每行驶 10000km 需要进行动力电池外部保养，而吉利帝豪 EV 系列等紧凑型电动汽车，每 6 个月或每行驶 10000km 进行动力电池外部保养。不同的是，五菱宏光 MINIEV 等国产微型电动汽车的动力电池是风冷，不需要进行冷却系统的保养。

动力电池外观检查

一、执行工作准备

1. 执行场地防护

• 设置警戒带和高压电警示牌

如图 1-24 所示，警戒带和高压电警示牌的作用是提醒他人该场地正在作业，存在一定危险，请勿靠近。安装警戒带时，将警戒带两端的收纳盒分别安装在两支撑杆上，撑杆顶部的固定杆插接在连接孔内，同时固定住转轴，使其不能随便转动。安装高压电警示牌时，先用双面宽胶条固定警示牌，再用 6 个大头钢钉将警示牌钉上。

• 检查灭火器

如图 1-25 所示，灭火器是当场地发生火灾意外时，及时进行扑救的装置。检查作业现场是否配备灭火器或其他灭火器材，以及灭火器和灭火器箱的形式、外观、结构部件、性能参数、规格、材料、制造商名称、现场位置与检验报告是否一致；检查作业环境是否符合防火要求。

图 1-24　安装警戒带与高压电警示牌　　　图 1-25　干粉灭火器

- 检查绝缘垫

如图 1-26 所示，绝缘垫通常铺设在整个工位，执行高压电操作时，操作人员站立在绝缘垫上，隔绝电流保证操作安全。检查绝缘垫有无破损、磨损等现象，绝缘垫的检查方法通常是用绝缘电阻测试仪测量其对地绝缘阻值。

- 安装车轮挡块

如图 1-27 所示，将车轮挡块安装在左右车轮前后两侧，挡块要贴住轮胎且与轮胎侧面对齐。

图 1-26　绝缘垫　　　图 1-27　安装车轮挡块

2. 执行人身防护

- 穿戴绝缘服

绝缘服的主要作用是高压操作时对维修人员的身体进行保护。绝缘服的穿戴方法跟一般工作服和特殊防护服差不多，要求"三紧"，即领口紧、袖口紧、下摆紧。

- 穿戴绝缘鞋

如图 1-28 所示，绝缘鞋是在高压操作时使人与大地绝缘的防护用具，一般在较为潮湿的场地使用。穿用电绝缘鞋时，应避免接触锐器、高温和腐蚀性物质，防止绝缘鞋受到损伤影响性能。凡鞋底有腐蚀、破损之处，不能再以电绝缘鞋穿用。

• 穿戴绝缘手套

如图 1-29 所示，穿戴绝缘手套之前应检查绝缘手套密封性和耐电压等级，根据所操作电压范围合理选择绝缘手套，并检查是否在有效期范围内。戴上手套后，应将外衣袖口放入手套伸长部分内。使用绝缘手套，不能抓拿表面尖利带刺的物品，以免损伤绝缘手套。

图 1-28　绝缘鞋　　　图 1-29　绝缘手套

• 佩戴绝缘头盔

如图 1-30 所示，检查绝缘头盔有无开裂或者磨损，有无明显变形，下颚带是否完好、牢固。

• 穿戴护目镜

如图 1-31 所示，将双手清洗干净，用双手戴上护目镜，调节舒适度，检查护目镜是否完全包住眼睛，不透气即可。

图 1-30　绝缘头盔　　　图 1-31　护目镜

3. 检查设备和工具

在检修电动汽车时，一些基本的设备工具与传统燃油汽车相同，如举升机、万用表、工作台等，所以该部分不再赘述，只介绍电动汽车的专用工具。

- 绝缘工具套装

如图 1-32 所示，绝缘工具是采用绝缘材料进行加工并适用于电气系统拆装等操作的工具。使用绝缘工具可以有效防止意外触电事故的发生，动力电池涉及高电压的部分零部件拆装必须使用绝缘拆装工具。绝缘拆装工具必须装有耐电压 1000V 以上的绝缘柄。绝缘拆装工具包括常用的套筒、呆扳手、螺钉旋具、钳子、电工刀等。

图 1-32　绝缘工具箱

作业前，需要对动力电池维修工具进行检查，保证其无破损、破洞和裂纹，内外表面清洁、干燥，不能带水进行操作，以确保安全。

- 接地电阻测试仪

1）仪器功能：接地电阻测试仪是测量电位均衡的专用仪器。为防止因过大的电位差引起安全事故，因此将等电位连接作为高压系统的基本防护。

2）使用方法：如表 1-1 所示，在进行电位均衡时，在测试前需检查被测高压部件与整车的固定连接是否可靠，一般以螺栓固定为主，要先检查螺栓的拧紧力矩是否满足要求。

表 1-1　接地电阻测试仪的使用方法

接地电阻测试仪	使用方法
	1. 将测试探针插入"+"和"-"端子；长按"开机键"开机
	2. 选择档位：按上下键调到"20Ω"档位
	3. 开路测试：将红黑表笔分开，长按"TEST"键（不超过 5s），再按一次停止测量，若测量值无穷大，则正常
	4. 短路测试：将红黑表笔短接，长按"TEST"键（不超过 5s），再按一次停止测量，若测量值为 0Ω，则正常
	5. 测量：将接地电阻测试仪的红表笔接在动力电池接地端，黑表笔接在车身，长按"TEST"键进行测试，再按一次停止测量，观察结果（标准值为小于 0.1Ω）

在采用开尔文表笔进行测试时，需注意要保证每支表笔的探针与测试点可靠接触，否则会导致测试结果不准。为提高测试准确性，测试点的选取应可靠，且尽可能接近被测部件，最远不超过 1.5m。

- 绝缘电阻测试仪

1）仪器功能：为了消除高压电对车辆和驾乘人员的潜在威胁，保证电动汽车电气系统的安全，在进行电动汽车维护时需要使用绝缘电阻测试仪测量交流/直流电压、搭铁耦合电阻和绝缘电阻，其测量的阻值是表征电动汽车电气安全性能的重要参数。

2）使用方法：如表1-2所示，绝缘电阻测试仪上有三个插线孔对应三根表笔（两红一黑），可根据测量数据的不同选用不同的插线端子。

表1-2 绝缘电阻测试仪的使用方法

绝缘电阻测试仪	使用方法
	1. 先将红表笔插入绝缘电阻测试仪"+"极插孔内，黑表笔插入"-"极插孔内
	2. 开路测试：将红黑表笔分开，长按"TEST"键（不超过5s），再按一次停止测量，若测量值无穷大，则正常
	3. 短路测试：将红黑表笔短接，长按"TEST"键（不超过5s），再按一次停止测量，若测量值为0Ω，则正常

在采用开尔文表笔进行测试时，需注意保证每支表笔的探针与测试点可靠接触，否则会导致测试结果不准。

先将红表笔插入绝缘电阻测试仪"+"极插孔内，黑表笔插入"-"极插孔内。

绝缘电阻测试仪开路试验：将E、L两端开路，按下"TEST"按钮；绝缘电阻测试仪短路试验：将E、L两端短接，按下"TEST"按钮。

4. 记录车辆信息

记录车辆信息是准备工作中的关键环节，主要包括记录车辆型号、车辆识别码、电机型号、电机峰值功率、电池容量、额定电压、里程表读数七项内容，见表1-3。

表1-3 记录车辆信息

车辆型号	车辆识别码	电机型号	电机峰值功率
电池容量	额定电压	里程表读数	

5. 执行车辆防护

• 安装车辆绝缘翼子板布和格栅垫

首先拉起位于转向盘左下侧的发动机舱盖释放杆,然后拨开机舱盖锁拉手,将机舱盖掀起来,用机舱盖撑杆撑好,注意机舱盖支撑一定要牢固可靠;然后打开前格栅布,站在车辆正前方,确保放置在中间位置且要将前格栅布上的磁铁吸牢;最后将翼子板布下端半圆形的车轮槽对中车轮,把翼子板布安放牢固。要保证磁铁与车身吸附牢固,防止掉落,防止盖住车轮,影响车轮检查。安装车外三件套如图1-33所示。

• 安装车内四件套

从工具车上拿好汽车钥匙和四件套走到左前车门处,按下汽车钥匙开锁按钮打开车门。首先将座椅套从上到下整齐地套在驾驶人座位上;然后展开转向盘套,先套好转向盘上部,顺应转向盘的弧度从上往下拉转向盘套,直至完全套好;再将变速杆套好;最后将脚垫纸铺在汽车的地板上即可。安装车内四件套如图1-34所示。

图1-33 安装车外三件套　　图1-34 安装车内四件套

二、检视系统部件

1. 检视母线插头

检视母线插头外观是否变形,是否有油液,是否松动。

2. 车辆标准下电

打开前机舱盖,断开蓄电池负极电缆,向上推动直流母线插头卡扣保险,拆卸直流母线连接充电机端插件。用万用表测量直流母线端正负极电压,应低于1V。具体步骤如图1-35~图1-37所示。

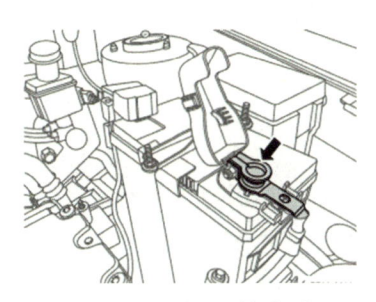

图 1-35　断开蓄电池负极电缆

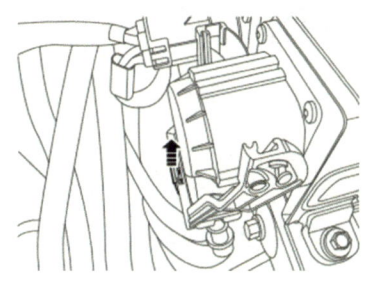

图 1-36　向上推动直流母线插头卡扣保险

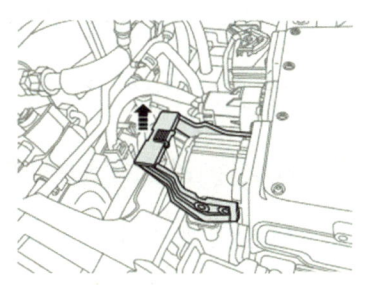

图 1-37　拆卸直流母线连接充电机端插件

3. 安全举升车辆

将车辆举升垫块正确放到车辆下部，对准支撑点；将车辆向上举升至车轮离地 10cm，压实垫块，并检查垫块的位置是否正确，并在不同部位以适当的力推动车身，确定举升没有问题；再次举升车辆到可操作高度，注意机盖与屋顶之间的距离，并锁上举升机，如图 1-38、图 1-39 所示。

注意：由于动力电池的自重原因，通常电动汽车要比传统燃油汽车重得多，所以在使用举升机时，一定要再三确认举升支点是否牢靠，车轮离地时，用力按压前机舱、行李舱，检查车辆是否存在晃动。

图 1-38　确定支点

图 1-39　举升车辆

4. 检视电池标签

在执行动力电池外观检查作业时，检查动力电池标签信息是一项重要工作，主要是进行动力电池信息标签内容的记录，并核对是否与原厂规格一致，见表 1-4。

表 1-4　动力电池信息记录表

电池类型	标称（额定）电压	标称（额定）容量
电池型号	电池重量	生产日期

5. 检视动力电池防撞保护装置

检查动力电池防撞梁有无划痕、腐蚀、变形、破损。

6. 检视动力电池外观

检查电池下箱体底部防石击胶有无腐蚀、变形、破损，如图1-40、图1-41所示。

图1-40　检查动力电池（前） 　　图1-41　检查动力电池（后）

7. 检视高低压线束和插接件

检查高压、低压线束外表是否有破损、异常变形以及布置是否正确；检查插接件连接是否松动，是否有变色发黑等异常现象，如图1-42、图1-43所示。

图1-42　检视高压线束和插接件 　　图1-43　检视低压线束和插接件

8. 检视电池固定螺栓

检视固定螺栓表面是否光亮、有无锈蚀，检查拧紧力矩是否符合规定，如图1-44、图1-45所示。

9. 清洁灰尘杂物

电动汽车常年于室外运行，在进行动力电池外观检查工作时，清洁动力电池壳体、线束及插接器等是一项重要任务。

检查有无明显异物，若有，则使用气枪或干抹布对高压系统等部件进行清洁，保证动力电池包的干燥、整洁，如图1-46、图1-47所示。

图1-44 动力电池外部固定螺栓

图1-45 动力电池外部固定螺栓紧固

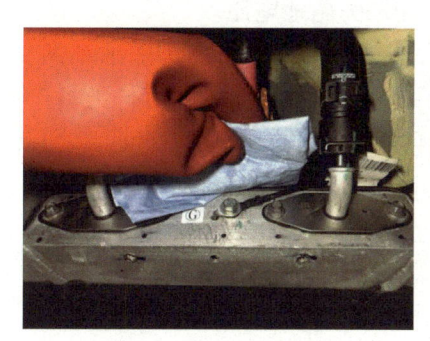

图1-46 用抹布清洁

图1-47 用气枪清洁

三、检测系统部件

1. 拆卸机舱底部护板总成

拆卸机舱底部左/右护板两侧固定螺钉及塑料卡扣，拆卸机舱底部左/右护板下固定螺钉及塑料卡扣，留下一个固定卡扣以稳住机舱底部左/右护板，用手支撑住机舱底部左/右护板，拆卸最后一个固定卡扣，如图1-48所示。

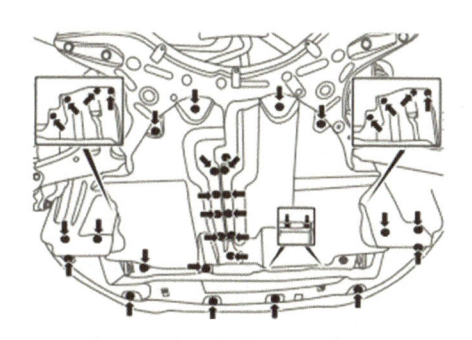

图1-48 拆卸相关覆盖件

2. 测量动力电池高压切断电压

手动检测动力电池电压的目的与车辆高压下电类似，即为了测量标准下电后，动力电池是否进行了高压互锁，测量结果应无电压输出。测量部位为动力电池输出端 HV+ 和 HV-，通常需要将车辆进行举升，使用万用表测量，如图 1-49 所示。

图 1-49　手动检测动力电池电压

3. 测量等位线

在进行电位均衡测试时，为提高测试准确性，测量点的选取应可靠，且尽可能接近被测部件，最远不超过 1.5m。电位均衡测试时，需要注意的是在测试前需检查被测高压部件与整车的固定连接是否可靠，一般以螺钉固定为主，要先检查螺钉的拧紧力矩是否满足要求。在采用开尔文表笔进行测试时，需注意保证每支表笔的探针与测试点可靠接触，以免导致测试结果不准确，如图 1-50 所示。

图 1-50　动力电池的电位均衡检测

4. 测量绝缘电阻

动力电池系统是一个车载高压电气系统，为电动汽车提供电能的吸收、存储和供应，在电动汽车启动、运行及停止的过程中都有可能发生安全问题，为保证动力电池系统的安全运行，需要对动力电池进行绝缘检测。

在动力电池外观检查工作任务中，使用绝缘电阻测试仪分别测量动力电池高压母线正极、负极与车身接地之间的电阻，标准电阻为大于或等于 20MΩ，如图 1-51、图 1-52 所示。

图 1-51　检测动力电池母线正极与车身接地间的电阻

图 1-52　检测动力电池母线负极与车身接地间的电阻

5. 安装机舱底部护板总成

安装机舱底部右护板，并卡入塑料卡扣；安装机舱底部左护板，并卡入塑料卡扣；安装机舱底部右护板固定螺钉和左护板固定螺钉，拧紧力矩均为 4N·m。

四、检修系统部件

1. 拆卸动力电池防撞保护装置

使用气动工具、套筒拆卸动力电池防撞保护装置固定螺栓，取下动力电池防撞保护装置，如图 1-53 所示。

图 1-53　动力电池防撞保护装置安装位置

2. 更换动力电池防撞保护装置

若动力电池防撞保护装置存在异常损坏现象，则需要重新更换动力电池防撞保护装置。安装动力电池防撞保护装置时，先用手旋紧动力电池下护板固定螺栓，再使用气动工具、套筒紧固动力电池防撞保护装置固定螺栓。

五、复检验收车辆

1. 安全降落车辆

先松开举升机锁止装置，按举升机下降按钮，使车辆缓慢下降至举升臂放至最低为止，移开举升臂，驶出车辆。

2. 车辆标准上电

在电动汽车维护作业结束后，要对其进行整车上电，如图 1-54、图 1-55 所示。

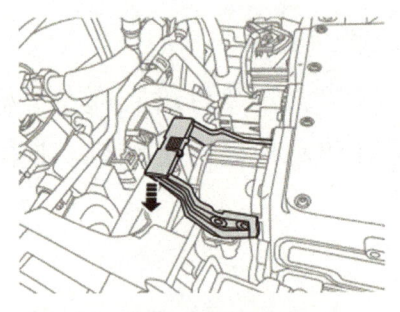

图 1-54　高压上电　　　　图 1-55　低压上电

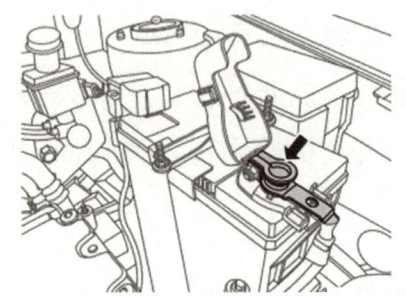

1）直流母线连接充电机端插件，将直流母线插头垂直对准插座后轻按，然后使把手卡口卡到位或听到轻微"咔嚓"声。

2）连接蓄电池负极电缆。

3. 竣工检验

竣工检验包括检查整车上电状态、仪表状态，各系统故障码读取，动力电池数据流读取等内容，如图 1-56 所示。

图 1-56　仪表自检

4. 整理清扫

整理清扫环节包括场地的清洁整理、设备仪表的复位、防护物品的整理收纳等内容，如图 1-57、图 1-58 所示。

图 1-57　场地复位　　　　图 1-58　防护物品复位

素养养成

• 执行工作准备阶段

在执行工作准备阶段，认真学习电动汽车维护与保养作业所需的基础知识，明确检查设备和工具、执行场地防护、执行车辆防护、执行人身防护、记录车辆信息五个工作环节的具体要求，能够处理在执行电动汽车维护与保养作业准备过程中遇到的困难，自主冷静思考，养成分析问题和解决问题的能力。

• 检视系统部件阶段

在检视系统部件阶段，理解掌握车辆标准下电、安全举升车辆、检视电池标签、检查部件外观、清洁灰尘杂物五个工作环节的具体要求，此项任务工作量小但责任重大，需要进行全面的检视，切忌遗忘部位，所以在执行任务的过程中需要严于律己、注重团队配合，养成团队协作、爱岗敬业的职业素养。

• 检测系统部件阶段

在检测系统部件阶段，理解掌握检测动力电池等位线、动力电池电压、绝缘电阻的方法，绝缘电阻测试仪和接地电阻测试仪在检测过程中能放出上千伏的高压电，并且其测量数据的准确与否直接影响工作安全，所以在日常工作中，要具备严谨规范、精益求精的工作态度。

• 检修系统部件阶段

在检修系统部件阶段，需要掌握检修更换动力电池防撞装置的方法，动力电池防撞装置并不是更换频繁的损耗品，但是一旦出现问题，可能会失去对动力电池的保护作用，甚至给动力电池带来二次损伤。在日常工作中，面对不同损耗状态的插接件，需要诚恳、真实地告知车主，并且根据实际情况给出最优维修方案，所以在工作中应具备诚信友善、追求创新的职业精神。

• 复检验收车辆阶段

在复检验收车辆阶段，需要掌握安全降落车辆、车辆标准上电、启动车辆、整理清扫的理论知识，并能付诸实际操作中。随着技术的发展进步，汽车更新迭代迅速，作为一名未来汽车维修工作从业者，在面对不同的车型时，需要能懂、能开、能修，这就要求我们具备终身学习的意识，如图1-59所示。

任务素养养成如图1-59所示。

01	02	03	04	05
执行工作准备阶段	检视系统部件阶段	检测系统部件阶段	检修系统部件阶段	复检验收车辆阶段
具备分析问题和解决问题的能力	养成团队协作、爱岗敬业的职业素养	具备严谨规范、精益求精的工作态度	具备诚信友善、追求创新的职业精神	具备终身学习的意识

图1-59　任务素养养成

学习任务二　动力电池冷却液更换

任务导入

一辆 2018 款的吉利帝豪 EV450 已行驶 5 万 km，需到店进行维护与保养工作。经确认，冷却液已到达更换周期。请你作为维修技师完成冷却液更换任务，并对冷却系统进行检修。

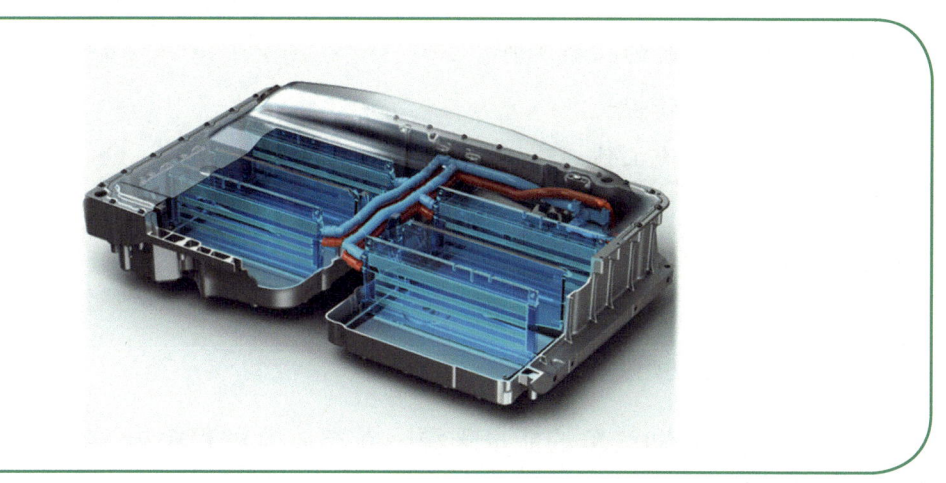

知识目标

➢ 能够掌握动力电池热管理系统的结构与组成。
➢ 能够掌握动力电池冷却系统的组成。
➢ 能够掌握动力电池冷却系统的工作原理。

技能目标

➢ 能够执行电动汽车维护与保养作业准备。
➢ 能够检视散热器、冷却管路等组件的外观。
➢ 能够检测冷却液液位和冰点。
➢ 能够排放冷却液并收集、加注冷却液并控制水泵运转排气。

素养目标

➢ 能够具备分析问题和解决问题的能力。
➢ 能够养成团队协作、爱岗敬业的职业素养。

➢ 能够具备严谨规范、精益求精的工作态度。
➢ 能够具备诚信友善、追求创新的职业精神。
➢ 能够具备终身学习的意识。

重点

➢ 冷却液冰点检测。
➢ 冷却液的排放、加注与排气工作。

难点

➢ 冷却液排放时的收集工作。
➢ 控制水泵运转排气。
➢ 执行车辆复检工作。

知识链接

一、动力电池的热管理系统

动力电池是电动汽车的能量来源，在充放电过程中电池本身会伴随产生一定热量，从而导致温度上升，而温度升高会影响电池的很多工作特性参数，电池热效应问题也会影响到整车的性能和循环寿命，因此当温度过高时，需要对动力电池进行冷却。而在低温环境中，动力电池的能量和功率特性会出现严重衰减，为提高动力电池低温性能，就需要对其进行加热。因此，动力电池热管理系统分为冷却系统和加热系统。其中冷却系统根据冷却介质，可以分为水冷式和风冷式，而加热系统中一般采用加热元件进行加热。

1. 液冷式冷却系统

液冷式动力电池散热系统是指制冷剂直接或间接地接触动力电池，然后通过液态流体的循环流动把电池包内产生的热量带走，从而达到散热效果的一种散热系统。冷却系统利用热传导的原理，采用管路和单个电池模块相连，通过冷却液在各个独立的冷却系统回路中循环，将单个电池模块的热量带走，使动力电池包保持在最佳的工作温度，如图1-60所示。液体

图1-60 液冷式冷却系统

冷却有较好的冷却效果，可以使电池组的温度分布均匀，但是液体冷却对电池包的密封性有很高的要求，如果采用"水"这类导电液体，通常用水套将液体和电池隔开，增加了系统的复杂性。

2. 风冷式冷却系统

风冷式的散热方式较为简单，只需要让空气流经电池表面带走动力电池所产生的热量，从而达到对动力电池组散热的目的。根据通风措施的不同，风冷式分为自然对流散热和强制通风散热两种方式，如图1-61、图1-62所示。自然对流散热系统是不依靠外部附加的强制通风措施（如鼓风机等），只是通过电池包内部流体自身因温度变化而产生的气流进行冷却散热的系统。强制对流冷却散热系统是在自然对流散热系统的基础上增加了相应的强制通风技术的散热系统。当前动力电池风冷式散热主要有串联式和并联式两种。目前除了一些微型电动汽车，如五菱宏光MINIEV等使用风冷式散热外，大部分的电动汽车采用水冷散热。

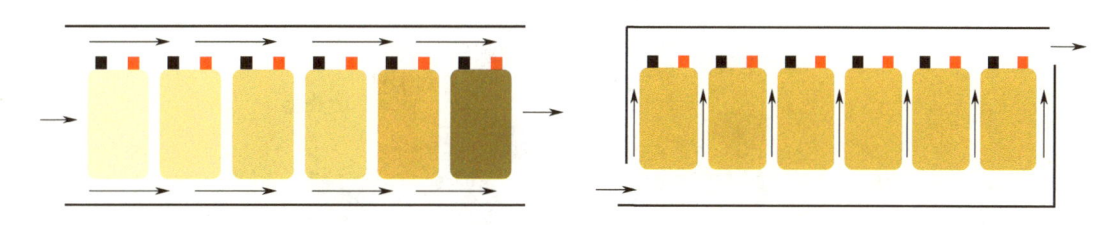

图1-61　风冷式冷却系统的自然对流散热　　图1-62　风冷式冷却系统的强制通风散热

3. 加热系统

加热系统利用电能进行加热，以此来提高动力电池的温度。PTC（Positive Temperature Coefficient，正温度效应）加热器在动力电池加热系统中应用较为广泛，特斯拉Model S电池包采用的就是电阻丝加热，如图1-63所示。PTC属于正温度系数热敏电阻，且这种热敏电阻是一种典型的具有温度敏感性的半导体电阻。

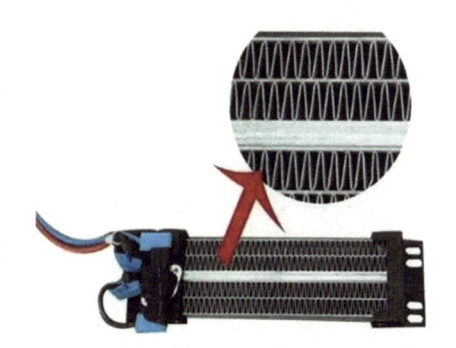

图1-63　PTC加热器

4. 热泵空调系统

电动汽车热泵空调系统相对复杂，其与传统空调最大的不同是四通换向阀的加入。热泵空调主要由逆变器、电动压缩机、车内换热器、车外换热器、四通换向阀、双向膨胀阀等部件组成，如图1-64所示。热泵空调系统的制冷循环逆转可以用来制暖，但在环境气温较低的情况下，制暖性能会降低，无法满足汽车的制暖性能要求。

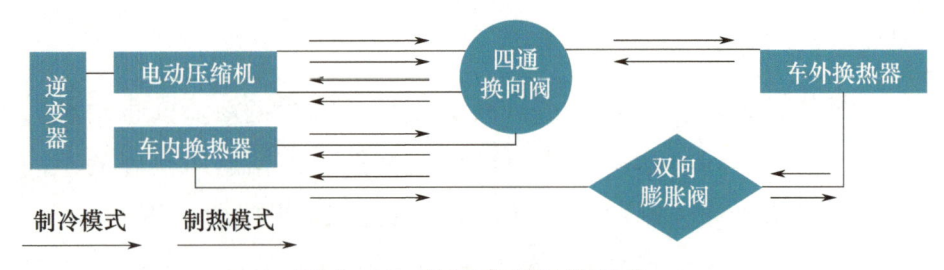

图1-64　热泵空调系统组成

二、动力电池冷却系统组成

为实现动力电池散热管理系统的功能，保证电动汽车正常运行，动力电池冷却系统主要由模组冷却水泵、散热器、膨胀水箱及冷却水管组成，如图1-65所示。

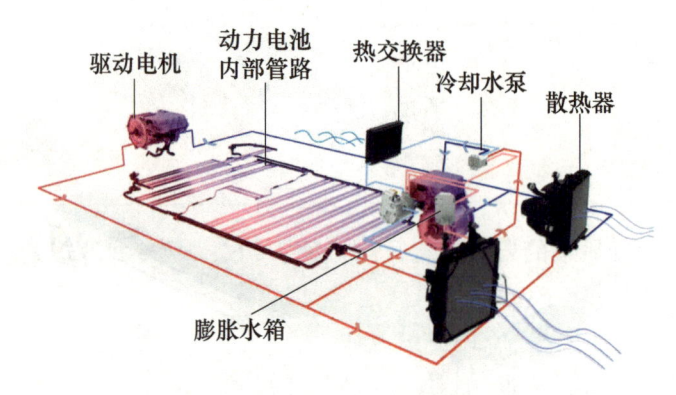

图1-65　水冷式冷却系统的组成

1. 冷却水泵

动力电池冷却系统冷却水泵通过安装支架，并由2个螺栓固定在车身底盘上，经由其运转来循环冷却系统中的冷却液。冷却水泵主要由泵壳、泵盖、叶轮、水泵轴、轴承、油封等组成。冷却水泵是冷却液循环的动力元件，它的作用是对冷却液加压，促使冷却液在冷却系统中循环，以带走系统散发的热量，如图1-66所示。

图1-66　冷却水泵

2. 散热器

散热器通常安装于汽车头部，其由进水室、出水室、主片及散热器芯等部分构成，如图 1-67 所示。散热器的作用是冷却已经达到高温的冷却液，其原理是当散热器的管子和散热片暴露在冷却风扇产生的气流及车辆运动产生的气流中时，散热器中的冷却液变冷。

图 1-67　散热器

散热器后面会有冷却风扇，它可增加散热器和空调冷凝器的通风量，从而有助于加快车辆低速行驶时的冷却速度。有的风扇采用双风扇、高低速的控制模式，通过两个不同的电机驱动扇叶。

3. 冷却器

电池冷却器是动力电池冷却系统的一个关键部件，它负责将动力电池维持在一个适当的工作温度。电池冷却器主要由热交换器、带电磁阀的膨胀阀、管道接口和支架组成。热交换器一般用于动力电池冷却液与制冷系统制冷剂之间的热交换，将动力电池冷却液的热量传递给制冷剂。

4. 膨胀水箱

膨胀水箱总成通过水管与散热器连接，是一个透明塑料罐，类似于前风窗玻璃清洗剂罐，如图 1-68 所示。膨胀水箱位置要高于冷却系统的所有部件，目的是当冷却系统中冷却液受热膨胀至散热盖的蒸汽阀打开时，部分冷却液随着高压蒸汽通过溢水管回到膨胀水箱中。当冷却系统处于冷态时，冷却液液面应保持在膨胀水箱总成上的"MAX"（最高）和"MIN"（最低）标记之间。

图 1-68　膨胀水箱

随着冷却液的温度逐渐升高，部分冷却液因膨胀会从车载充电机中流入膨胀水箱总成，散热器和水道中滞留的空气也被排入膨胀水箱总成。车辆停止后，冷却液自动冷却并收缩，先前排出的冷却液则被吸回散热器，从而使散热器中的冷却液一直保持在合适的液面，以提高冷却效率。

5. 冷却水管

橡胶冷却水管在各组件间传送冷却液，弹簧卡箍将软管固定到各组件上，如图 1-69 所示。动力电池冷却系统软管布置在前舱内和后地板总成下。冷却液通过冷却水管在冷却系统各部件中流动，达到散热的目的。冷却水管壁端口安装有定位标识，装配时标识要与散热器上的定位标识对齐。

图 1-69 冷却水管

三、动力电池冷却系统工作原理

冷却系统的作用是对电池、电机、控制器及充电机等车辆关键部件进行冷却，使其保持在适当工作温度范围内。冷却或加热性能直接影响零部件的性能表现，进而影响其动力性和经济性。

以吉利帝豪 EV450 为例，在放电与智能充电模式时，动力电池系统温度高于 38℃开启冷却，低于 32℃停止冷却。在快充模式时，电池系统温度高于 32℃开启冷却，低于 28℃停止冷却。当上述两种模式达到停止冷却温度时，将启动匀热模式。若冷却液温度低于停止冷却温度，则温控系统继续工作，直到一定时间内电池最高温度不再发生变化。

一般冷却系统都安装在电池模块附近，原理和空调的制冷原理相似。冷却系统通过管路和单个电池模块相连，管路里循环流动冷却液（一般是乙二醇水混合液），将单个电池模块的热量带走，多余热量通过风扇排到外界，而冷却液再次循环进入电池模块，继续吸收电池散发的热量。

四、冷却液的选择

电动汽车冷却液的成分与传统内燃机汽车相同，由水、防冻剂、添加剂三部分组成，按防冻剂成分不同可分为酒精型、甘油型、乙二醇型冷却液，如图 1-70 所示。

酒精型冷却液是用乙醇（俗称酒精）作为防冻剂，价格便宜，流动性好，配制工艺简单，但沸点较低、易蒸发损失、冰点易升高、易燃等，现已逐渐被淘汰。

图 1-70 冷却液的包装

甘油型冷却液沸点高、挥发性小、不易着火、无毒、腐蚀性小，但降低冰点效果不佳、成本高、价格昂贵，用户难以接受，只有少数国家仍在使用。

乙二醇型冷却液是用乙二醇作为防冻剂，并添加少量抗泡沫、防腐蚀等综合添加剂配制而成，具有沸点高、泡沫倾向低、黏温性能好、防腐和防垢等特点，是一种较为理想的冷却液。

1. 冷却液的作用

• 冬季防冻

为了防止汽车在冬季停车后，冷却液结冰而造成散热器、发动机缸体胀裂，要求冷却液的冰点应低于该地区最低温度10℃左右，以备天气突变。

• 防腐蚀

冷却系统中散热器、水泵、分水管等部件由钢、铸铁、黄铜、纯铜、铝、焊锡等金属制成，由于不同金属的电极电位不同，在电解质的作用下容易发生电化学腐蚀；同时冷却液中的二元醇类物质分解后形成的酸性产物，也会促进冷却系统腐蚀。冷却系统腐蚀会使散热器的下水室、冷却管道、接头以及排水管发生故障，同时腐蚀产物堵塞管道，引起电机过热甚至瘫痪；若腐蚀穿孔，冷却液渗入电机内部会产生严重的破坏。因而冷却液中都会加入一定量的防腐蚀添加剂，防止冷却系统产生腐蚀。

• 防水垢

冷却液在循环中应尽可能地减少水垢的产生，以免堵塞循环管道，影响冷却系统的散热功能。

• 防开锅

符合国家标准的冷却液，沸点通常都超过105℃，因此冷却液能耐受更高的温度而不沸腾（开锅），在一定程度上满足了高负荷电机的散热冷却需要。

综上所述，在选用、添加冷却液时，应该慎重。首先，应该根据具体情况选择合适配比的冷却液。其次，添加冷却液，将选择好配比的冷却液添加到冷却系统中，使液面达到规定位置。

2. 冷却液选用的注意事项

1）冷却液的冰点应比整车所在地区环境最低气温低10℃左右。比如在整车研发时，若目标市场包含东北、西北地区，环境最低气温约为-25℃，则一般选择冰点为-35℃或-40℃的冷却液。

2）选用冷却液需重点关注冷却液的氯含量。若冷却液中氯离子含量偏高，冷却液在长期高温工作过程中会对金属材料进行腐蚀，不仅会降低其使用寿命，严重时还会引发系统故障。相比于传统燃油汽车，新能源纯电动汽车电池热管理系统中，冷却板大多采用 3 系铝合金材料，因此新能源纯电动汽车在冷却液产品设计选型及开发时，除了要考虑常规性能参数之外，还需重点关注其对 3 系铝合金材料的兼容性。

3）在冷却液选型时应关注其与尼龙、橡胶的兼容性。目前传统汽车冷却管路多为橡胶管，纯电动汽车冷却管路多为尼龙和橡胶组合管，因此在选择冷却液时应保证冷却液对管路材料兼容，即对管路无溶胀和侵蚀等影响。若冷却液兼容性不佳，不仅会产生沉积物降低系统流量，导致整个系统性能不足，而且可能腐蚀金属，导致系统漏液，严重时会产生安全事故。

> 孙逢春是中国电动车辆工程技术的主要开拓者之一，长期致力于电动车辆总体设计理论、系统集成与控制、一体化电驱动与传动、充/换电站基础设施及运行健康管理等技术研究。
>
> 孙逢春说，我们要做最先进的东西，不能总跟在别人后面。科技创新，往往只有第一，没有第二。他指出，要提升原始创新能力，必须鼓励科研人员从事中国原创的、自主的科研。

五、冰点测试仪的使用

冷却液是一种由防冻剂、功能添加剂、水组成的特种液。理论上，冷却液的主要理化指标由防冻剂的含量决定。目前，冷却液使用的防冻剂主要由乙二醇浓度进行表征。冷却液冰点、密度均可与浓度进行关联，但通常使用的冷却液冰点与浓度之间不存在良好的线性关系。随着汽车使用时间的增加，冷却液中的乙二醇会逐渐被氧化衰变，防腐剂不断被消耗掉。当冷却液质量下降到一定程度后，冷却系统就会出现腐蚀或达不到防冻要求。因此，为了保证防冻液质量，应对冷却液进行定期定项的检测，其检测时间可结合每年换季维护进行，如图 1-71~图 1-73 所示。使用冰点测试仪测量步骤如下：

棱镜　盖板　　　校正钉　　　　把套　　　　目镜

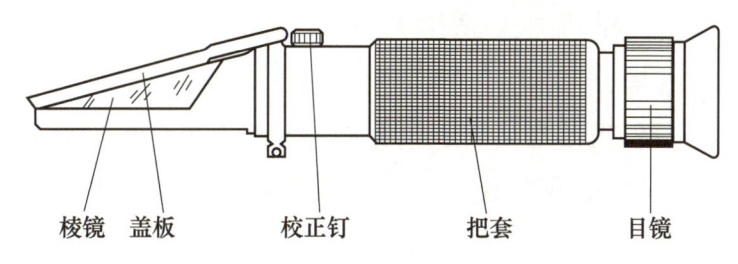

图1-71　冰点测试仪的构造

图1-72　冰点测试仪　　　图1-73　冰点检测

1）将折光棱镜对准光亮方向，调节目镜视度环，直到标线清晰为止。

2）调整基准：测定前首先使标准液（纯净水）、仪器及待测液体基于同一温度。掀开盖板，取两三滴标准液滴于折光棱镜上，并用手轻轻按压平盖板，通过目镜看到一条蓝白分界线。旋转校正钉使目镜视场中的蓝白分界线与基准线重合（0%）。

3）测量：用柔软绒布擦净棱镜表面及盖板，掀开盖板，取两三滴被测溶液滴于折光棱镜上，盖上盖板轻轻按压平，里面不要有气泡，然后通过目镜读取蓝白分界线的相对刻度，即为被测液体的测量值。

4）测量完毕后，直接用潮湿绒布擦干净棱镜表面及盖板上的附着物，待干燥后，妥善保存起来。

六、诊断仪的使用

诊断仪是用于检测故障、读取信息或匹配参数的智能设备，它通过有线或无线的连接方式，与车辆实现通信，并将信息通过显示屏显示。

根据设计用途和功能分类，诊断仪有专用诊断仪和通用诊断仪两种。通用诊断仪是为满足不同品牌汽车诊断需求而设计开发的仪器，其优点是通用性强、价格便宜，缺点是更新数据、实现功能和数据精度不及专用诊断仪，适用于普通修理厂使用；而专用诊断仪由汽车厂商根据车辆技术特点和需求设计，只满足于自身品牌各车型诊断需求，适用于 4S 店使用。

　　诊断仪一般由操作主机、通信模块、通信线束、充电线束等组成，如图 1-74 所示。其中车辆数据接口通过数据线与汽车的诊断口连接，实现汽车控制单元与诊断仪主机的数据传递，汽车上的诊断口多采用统一标准的 OBD-Ⅱ形式。诊断仪可以实现读取故障码、清除故障码、读取车辆信息及数据、采集波形、驱动测试、调试匹配等功能。

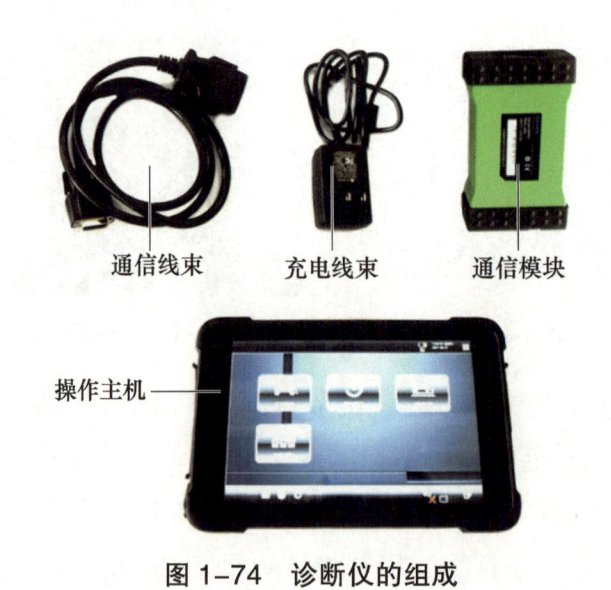

图 1-74　诊断仪的组成

　　诊断仪的功能之一就是读取故障码。故障码是指当汽车出现故障并能够被电子控制系统检测判断时，在控制单元（ECU）内存储的一串维修信息代码。当车辆存有故障码时，可以通过诊断仪查阅读取，为解决故障提供方便。故障码由字母和数字组成，多为 5 位数，发展到现在，为更准确地表达故障信息，现已有七位数故障码。故障码的第一位为字母，主要包括 P（动力系统故障码）、C（底盘系统故障码）、B（车身系统故障码）、U（通信系统故障码），故障码的第二位至第七位包括数字或字母，其含义由 ISO 标准或厂商设定。

技能链接

　　定期对动力电池进行冷却液更换，是电动汽车售后人员的典型工作任务。由于冷却液质量不同，电动汽车的冷却液更换周期有所差异，但基本为 2 年或 3 万 km 更换一次，具体视冷却液质量情况而定。

一、执行工作准备

1）执行场地防护。

- 设置警戒带和高压电警示牌。
- 检查灭火器。
- 检查绝缘垫。
- 安装车轮挡块。

2）执行人身防护。

- 穿戴绝缘服。
- 穿戴绝缘鞋。
- 穿戴绝缘手套。
- 佩戴绝缘头盔。
- 穿戴护目镜。

3）检查设备和工具。除需准备吉利帝豪EV450维修手册、举升机、万用表、诊断仪等，还需准备冷却液收集器，用于收集排放的冷却液，如图1-75所示。

4）记录车辆信息。

5）执行车辆防护。

- 安装车辆绝缘翼子板布和格栅垫。
- 安装车内四件套。

图 1-75　冷却液收集器

二、检视系统部件

1）检视动力电池母线插头。

2）车辆标准下电。

3）检视冷却液液位。检查膨胀水箱内液位是否在MAX（上限）和MIN（下限）之间，如果冷却液液位过低，检查是否存在泄漏，并添加冷却液至上下限之间的位置，如图1-76所示。

4）检视散热器。

首先，检查散热器正面的芯子是否有污物堵塞、泥土覆盖，必要时可用细钢丝予以清理，并清洗干净。

其次，检查散热器盖阀门及密封的状况，以及散热器框架是否有断裂和脱焊现象。

最后，检查散热器安装固定情况，散热器应当牢固可靠，前后晃动应无松动现象。

5）检视冷却系统管路。检查各冷却系统软管安装、连接情况及有无裂纹、损伤和泄漏。若发现漏点或机件某处有损坏，必要时及时更换相关部件，如图 1-77 所示。

图 1-76　冷却液正常液位

图 1-77　检视冷却系统管路

6）检视冷却水泵。检查水泵传动带是否有裂纹、剥层、断线、严重磨损等现象，如不能保证工作安全时应及时更换，同时检查水泵传动带松紧度是否符合要求，必要时予以调整，如图 1-78 所示。

7）清洁灰尘杂物。

图 1-78　检视冷却水泵

三、检测系统部件

1）取下并放置散热器盖（图 1-79、图 1-80）。

图 1-79　散热器盖位置

图 1-80　打开散热器盖

2)检测冷却液冰点。

检测过程如图 1-81~图 1-83 所示。

图 1-81　冷却液冰点显示内容　　图 1-82　检测冷却液冰点

图 1-83　清洁冰点测试仪

3)安全举升车辆。

4)拆卸覆盖件。

四、检修系统部件

1)排放冷却液并收集。将动力电池冷却液加注口密封盖打开,以便动力电池冷却液可以顺利排出;将接油盆放在动力电池冷却水管下方,拆卸动力电池冷却水管后放出冷却液,如图 1-84 所示。

2)安全降落车辆。

3)车辆标准上电。

4)静态加注冷却液。将车辆点火开关置于 ON 档且非充电状态,连接诊断仪,选择吉利帝豪 EV450 车型—手工选择系统—空调控制器(AC)—特殊功能,选择加注初始化,车辆处于加注初始化状态;拧开膨胀水箱盖,缓慢加注冷却液,直至膨胀水箱内冷却液量达到 80% 左右,且液位不再下降,如图 1-85 所示。

图 1-84　排放并收集冷却液　　　　图 1-85　静态加注冷却液

5）系统排气。控制诊断仪，使车辆处于排气状态，如果液位下降应及时补充冷却液，排气过程时长不小于 10min。

6）检查冷却液液位。观察膨胀水箱内冷却液液位，如下降及时补充冷却液，保持冷却液液位处于 MAX 线和 MIN 线之间，拧紧膨胀水箱盖，如图 1-86 所示。

图 1-86　检查冷却液液位

五、复检验收车辆

1）安全举升车辆。

2）检查管路有无泄漏。检查冷却系统管路是否渗漏，若发现漏点及时更换相关部件。

3）安全降落车辆。

4）竣工检验。

5）整理清扫。

素养养成

• 执行工作准备阶段

在执行工作准备阶段，认真学习动力电池冷却液更换所需的基础知识，明确检查设备和工具、执行场地防护、执行车辆防护、执行人身防护、记录车辆信息五个工作环节的具体要求，能够处理在执行动力电池冷却液更换过程中遇到的困难，自主冷静思考，养成分析问题和解决问题的能力。

• 检视系统部件阶段

在检视系统部件阶段，理解掌握检视动力电池母线插头、车辆标准下电、检视冷却液液位、检视散热器、检视冷却系统管路、检视冷却水泵、清洁灰尘杂物七个工作环节的具体要求，此项任务需要进行全面的检视，切忌遗忘部位，所以在执行任务的过程中需要严于律己、注重团队配合，养成团队协作、爱岗敬业的职业素养。

• 检测系统部件阶段

在检测系统部件阶段，理解掌握检测冷却液冰点的方法，冷却液冰点在检测过程中容易受到光学系统影响，并且其测量数据的准确与否直接影响工作安全，所以在日常工作中，要具备严谨规范、精益求精的工作态度。

• 检修系统部件阶段

在检修系统部件阶段，需要掌握排放和加注冷却液的方法，冷却液是更换频繁的损耗品，一旦出现问题，可能会失去对动力电池的保护作用，甚至给动力电池带来二次损伤。在日常工作中，需要诚恳、真实地告知车主车辆信息，并且根据实际情况给出最优维修方案，所以在工作中应具备诚信友善、追求创新的职业精神。

• 复检验收车辆阶段

在复检验收车辆阶段，需要掌握安全降落车辆、车辆标准上电、启动车辆、整理清扫的理论知识，并能付诸实际操作中。随着技术的发展进步，汽车更新迭代迅速，作为一名未来汽车维修工作从业者，在面对不同的车型时，需要能懂、能开、能修，这就要求我们具备终身学习的意识。

学习任务三　动力电池拆装与检修

任务导入

一辆 2018 款的吉利帝豪 EV450 已行驶 15 万 km，车主反映车辆续驶里程明显变短，经与车主协商后，决定为其更换动力电池。请你作为维修技师完成动力电池拆装与检修任务。

知识目标

- 能够掌握动力电池的结构与组成。
- 能够掌握动力电池模组的分类。
- 能够掌握动力电池的关键参数。

技能目标

- 能够执行电动汽车维护与保养作业准备。
- 能够检视动力电池、相关组件的外观情况，并清洁灰尘杂物。
- 能够拆卸覆盖件，测量动力电池电压、等位线、绝缘电阻。
- 能够使用动力电池举升机完成动力电池的拆卸与安装。

素养目标

- 能够具备分析问题和解决问题的能力。
- 能够养成团队协作、爱岗敬业的职业素养。

> 能够具备严谨规范、精益求精的工作态度。
> 能够具备诚信友善、追求创新的职业精神。
> 能够具备终身学习的意识。

📝 重点

> 动力电池规范拆卸工作。
> 动力电池规范安装工作。

📝 难点

> 测量动力电池漏电电压。
> 执行动力电池母线放电。

知识链接

一、动力电池的结构与组成

动力电池箱外部与内部结构较为复杂,外部通常设有电池接线盒和冷却管接口等部件,内部通常包括动力电池模组、结构系统、电气系统、电池管理系统(BMS)等部分,如图1-87所示。不同车型的动力电池在结构和设计上有所差别,如电动客车的布置空间大,搭载的动力电池模组多,通常由多个动力电池模组和独立的高压箱组成;而电动乘用车,受限于布置空间,动力电池模组少,布置的结构也比较紧凑。

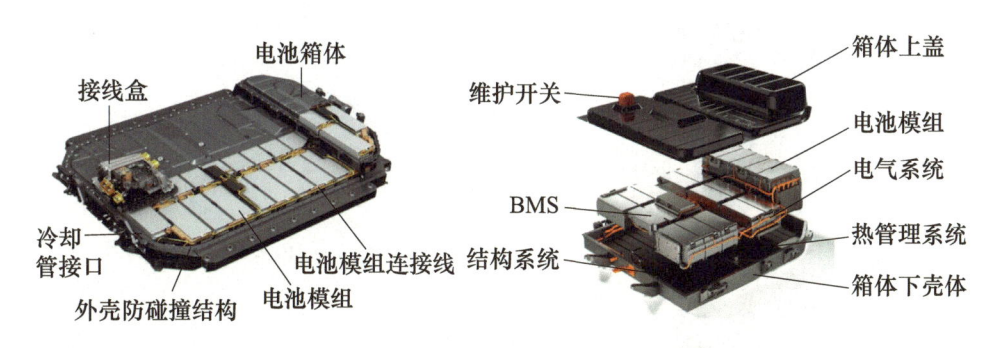

图1-87 动力电池的结构与组成

1.动力电池模组

动力电池模组是指由一定数量的电池模块(或单体电池)通过串、并联方式组合而成的、能够直接提供电能的组合体，是组成动力电池系统的次级结构之一，如图1-88所示。动力电池模组的结构必须对单体电池起到支撑、固定和保护作用，可以概括成几个大项：机械强度、电性能、热性能和故障处理能力。

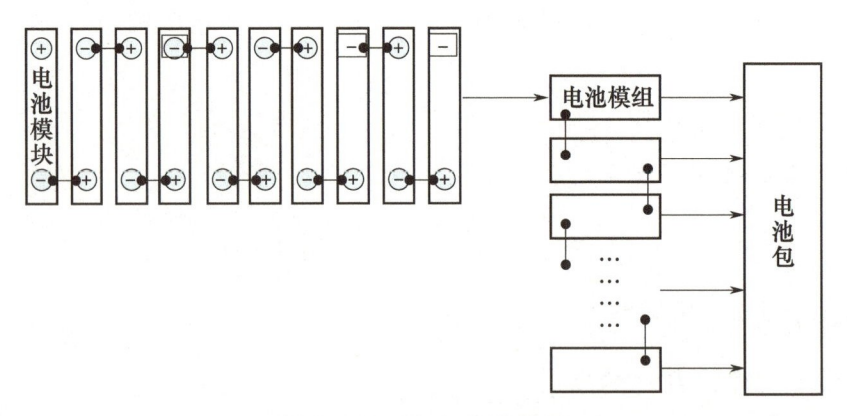

图1-88 动力电池模组

动力电池模组按单体电池的结构形状可分为柱形、方形以及软包三种。在一定程度上，单体电池的性能决定了动力电池模组的性能进而影响整个动力电池包的性能。国内动力电池市场目前以方形电池为主，柱形电池和软包电池所占的市场份额不大。

• 按单体电池结构分类

单体电池是动力电池的关键部件，因而其构型选择、容量设计和尺寸设计是电动汽车一个很重要的问题。目前市场上的单体电池主要有柱形电池、方形电池和软包电池三种，如图1-89所示。

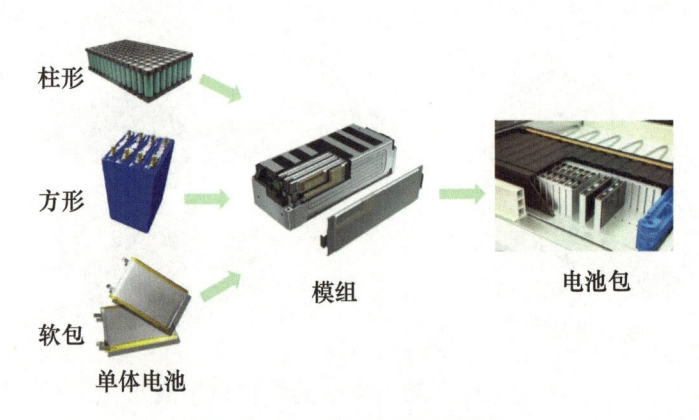

图1-89 CTM集成模式

不同的单体电池结构意味着不同的特性，其优、缺点对比见表1-5。

表 1-5　不同单体电池的优、缺点对比

单体电池	优点	缺点
柱形	工艺成熟、组装成本低、成品率高、一致性好、便于各种组合	质量大、比能量低、热量难释放、安全性能不好
方形	硬度高、质量小、散热好、易于组成模组，含防爆阀，安全性能较好	型号太多，成本较高
软包	尺寸变化灵活、成本低、循环性能好、安全性好	机械强度差、封口工艺较难、模组结构复杂，散热性差

（1）柱形电池　柱形电池包括电池壳体、正极、负极、隔膜与安全阀等，如图 1-90 所示。柱形电池极组一般由单个正、负极片和隔膜卷绕而成。此类电池的特点是单体能量密度较高，但由于电池的造型是圆柱形，因此成组后的体积能量密度较差，只能通过大量堆电池的方式扩容，会导致大量空间的浪费。

图 1-90　特斯拉 Model 3 的柱形电池

特斯拉 Model 3 系列使用的便是柱形卷绕式电池。2017 款标准版 Model 3 的续驶里程是 350km（EPA），电池组容量为 50kW·h，使用了 2976 节 2170 电池，每 31 节电池构成一个电池砖（Brick）。这些电池砖又被分为 4 个模块，其中 2 组包含 23 个电池砖，2 组包含 25 个电池砖，即 2170 单体电池→电池砖→电池模块→电池组。

（2）方形电池　方形电池同样包括电池壳体、正极、负极、隔膜与安全阀等，如图 1-91 所示。方形电池极组由多片负极、多片正极和隔膜叠片组成，通常负极比正极要多一片，极组的最外侧两片电极均为负极片。

吉利帝豪 EV 系列使用的便是方形叠片式电池。如帝豪 EV450 采用了由宁德时代提供的三元锂电池，单体电池能量密度达到了 200W·h/kg 以上，整个电池包的能量密度更是达到了 142.07W·h/kg，所以在电池容量达到 52kW·h 的前提下，电池包重量仅为 384kg。

图 1-91 吉利帝豪 EV 的方形电池

（3）软包电池　软包电池与传统的钢壳、铝壳锂电池之间的区别不大，主要包括正极材料、负极材料及隔膜，最大的不同之处在于软包装材料（铝塑复合膜），这是软包电池中技术难度最高也是最关键的材料，如图 1-92 所示。软包装材料通常分为三层，即外阻层（一般为尼龙 BOPA 或 PET 构成的外层保护层）、阻透层（中间层铝箔）和内层（多功能高阻隔层）。

图 1-92 比亚迪汉的刀片电池

（4）知识拓展　CTP 的全称是"Cell to Pack"，即跳过标准化模组环节，直接将单体电池集成在电池包上，有效提升了电池包的空间利用率和能量密度。该集成方式最早由宁德时代在 2019 年提出，此后比亚迪、蜂巢能源等陆续发布了各自的 CTP 方案。

其中比较具有代表性的是比亚迪的"刀片"电池，它将单个单体电池通过阵列的方式排布在一起形成阵列，然后像"刀片"一样插入电池包里，这也是大家称之为"刀片电池"的原因。刀片电池优点是使用寿命长、安全性强、容量大、耐高温以及倍率性能好等，缺点是由于存在铁成分，在制备过程中容易被还原成单质铁而造成短路以及不耐高温等，主要应用于大型电动车辆、轻型电动车等。

2. 结构系统

动力电池结构系统主要由组合电池上盖、托盘、各种金属支架、端板和螺栓组成，可以看作组合电池的"骨骼"，起到支撑、抗机械冲击、抗机械振动和环境保护（防水防尘）的作用。

- 电池箱上盖

动力电池箱上盖是支撑、固定和包围动力电池系统的组件，起到承载和保护动力电池系统的作用，如图1-93所示。

- 电池箱托盘

动力电池箱托盘包括底板，底板内部设有冷却流道，还包括固定在底板外围的边框，边框的底面低于底板的底面，以使边框底部与底板底部形成凹槽。

凹槽用于固定动力电池，其槽口的固定板围成空气隔热层可以对底板隔热，或凹槽内本身设有对底板隔热的固体隔热层。当形成空气隔热层时，能够利用空气导热速率较慢的特性，冷却流道不易与外部环境进行热交换，使托盘能够对内部的电池进行高效率冷却；当设置固体隔热层时，能够直接利用固体隔热层对底板进行隔热，如图1-94所示。

图1-93　电池箱上盖　　　　图1-94　电池箱托盘

3. 电气系统

电气系统主要由高压跨接片或高压线束、低压线束和继电器组成。高压线束可以看作电池的"大动脉血管"，将动力电池系统"心脏"的动力不断输送到各个需要的部件中，低压线束则可以看作电池的"神经网络"，实时传输检测信号和控制信号。

- 箱体内部线束

高压线束：串接电池模组，承载电池包充放过电流的线束。根据连接位置分为三部分：外部高压线束（箱间高压线束、总正负高压线束，连接电池和主控箱、总正负充电线、总正负放电线）、电池箱内高压线束（连接电池模组正负极与正负极插座、箱内电池模组串接）、主控箱内正负极连接线，如图 1-95 所示。

图 1-95 动力电池箱体内部线束

低压线束：BMS 正常工作时对电池组进行监控管理的线束。根据功能分为 BMS 通信线、电源线、采集线。

高压线束统一般使用橙色线束，传输高压小电流，绝缘性能要求高，因此绝缘层往往比较厚而芯线比较细；低压线束恰好相反，传输低压大电流，为了减少电阻所以导线特别粗。

- 接触器

在新能源汽车中，除动力电池外，其他部件都是由整车控制器或混合动力控制单元通过接触器控制高压电的接通与关闭的。继电器与接触器在功能上没有区别，都是一种控制开关，即用低电压控制高电压电路通断的开关（一般使用 12V 或 24V 的安全低压电控制 300~1000V 高压系统的通断）。

接触器用于控制高压导线正负极之间的接通与断开，如图 1-96 所示。接触器通常被布置在动力电池组总成内部或者是独立在一个 BDU（配电箱）中，动力电池总成端部布置有多个接触器，其内部接触器如果断开，整车仅动力电池上会存在高压电，

图 1-96 动力电池高压接触器

中等职业教育汽车专业理实一体化系列教材

ZHONGDENG ZHIYE JIAOYU QICHE ZHUANYE LISHIYITIHUA XILIE JIAOCAI

电动汽车电池及管理系统
保养与检修

实 训 工 单

秦国锋 李国帅 邓森○主编

班级：＿＿＿＿＿＿＿

姓名：＿＿＿＿＿＿＿

机械工业出版社
CHINA MACHINE PRESS

中等职业教育汽车专业理实一体化系列教材

电动汽车电池及
管理系统保养与检修
实训工单

主　编　秦国锋　李国帅　邓　森

机械工业出版社

目 录

项目一　动力电池的保养与检修 ························· 1

　学习任务一　动力电池外观检查 ····················· 1

　学习任务二　动力电池冷却液更换 ··················· 7

　学习任务三　动力电池拆装与检修 ·················· 14

项目二　高低压充电系统的检修 ···················· 21

　学习任务一　高低压充电系统检查 ·················· 21

　学习任务二　车载充电机拆装与更换 ················ 27

　学习任务三　无法充电故障诊断 ···················· 33

项目三　电池管理系统的检修 ······················ 40

　学习任务一　高压绝缘故障诊断 ···················· 40

　学习任务二　高压互锁故障诊断 ···················· 45

　学习任务三　电池管理系统电源故障诊断 ············ 52

项目一　动力电池的保养与检修

学习任务一　动力电池外观检查

情境描述：一辆 2018 款的吉利帝豪 EV450 已行驶 2 万 km，需到店进行保养维护工作。由于电动汽车底盘较低，容易发生剐蹭，所以动力电池外观的检查是一项重要工作，直接影响整车安全性。请你作为维修技师完成此项任务。

时长安排：8 课时（360min）。

典型工作环节（一）：执行工作准备	2 课时

资讯

1. 请将下列物品与名称连起来。

　　　绝缘手套　　　灭火器　　　绝缘头盔　　　绝缘工具箱　　　绝缘垫

2. 绝缘工具是采用绝缘材料进行加工并适用于电气系统拆装等操作的工具。作业前，需要对动力电池维修工具进行检查，保证其_____、无破洞和裂纹，_____、干燥，不能_____进行操作，以确保安全。

3. 检查作业现场是否配备灭火器或其他灭火器材，以及灭火器和灭火器箱的形式、外观、结构部件、_____、规格、材料、制造商名称、_____与检验报告是否一致；检查作业环境是否符合防火要求。

4. 检查绝缘垫有无破损、磨损等现象。绝缘垫的检查方法：可用_____测量其对地绝缘阻值。

5. 检查绝缘头盔有无_____，有无明显_____，下颚带是否完好、牢固。

6. 接地电阻测试仪是测量_____的专用仪器。为防止因过大的电位差引起安全事故，因此将等电位连接作为高压系统的基本防护。

7. 绝缘电阻测试仪是用于测量交流/直流电压、搭铁耦合电阻和_____的设备，其测量的阻值是表征电动汽车电气安全性能的重要参数。

电动汽车电池及管理系统保养与检修实训工单

（续）

典型工作环节（一）：执行工作准备	2 课时

<table>
<tr>
<td rowspan="2">计划</td>
<td>1.完成此工作环节需要哪些步骤?（小组内商讨）
2.需要准备哪些设备与工具?（小组内商讨）
3.完成此工作任务小组成员如何分工?（小组内商讨）</td>
</tr>
</table>

决策

1.工作步骤填写

序号	工作步骤	具体事项	图示举例
①			
②			
③			
④			
⑤			

2.小组成员分工

安全组长	操作员 1	操作员 2	记录员	资料员

实施

1.执行场地防护

绝缘垫	警戒线	警示牌	灭火器
□已安置	□已安置	□已安置	□已安置

2.执行人身防护

防护服	绝缘鞋	绝缘手套	绝缘头盔	护目镜
□已穿戴	□已穿戴	□已穿戴	□已穿戴	□已穿戴

（续）

典型工作环节（一）：执行工作准备	2 课时

实施

3. 检查设备和工具

序号	设施设备名称	实际使用设备	数量	使用项目或用途	清点
①	吉利帝豪 EV450 整车		1辆	实训车辆	□已清点
②	绝缘工具箱		1个	调整或拆卸工具	□已清点
③	维修手册		1本	查阅保养维修信息	□已清点
④	故障诊断仪		1个	读取数据流	□已清点
⑤	绝缘电阻测试仪		1个	测量绝缘阻值	□已清点
⑥	万用表		1个	高压验电	□已清点
⑦	接地电阻测试仪		1个	电位均衡检测	□已清点
⑧	车轮挡块		4对	限制车辆移动	□已清点
⑨	绝缘防护套装		1套	保证操作人员安全	□已清点
⑩	绝缘胶带		1个	包裹低压电池负极	□已清点
⑪	水管堵头		2个	堵住水管	□已清点

4. 记录车辆信息

品牌	整车型号	生产日期

车辆识别代码	工作电压	行驶里程

5. 执行车辆防护

□外观检查　　　　□内饰检查　　　　□剩余电量

随车物品确认：□随车工具　□车辆备胎　□警示装置　□其他物品
检查结果：良好√　异常×

	轮胎挡块	前格栅布	两侧翼子板布
车外	□已安置	□已安置	□已安置
	座椅防护套	转向盘与变速杆套	防护脚垫
车内	□已安置	□已安置	□已安置

典型工作环节（一）：执行工作准备				2 课时
检查	我已再次核对以上实施信息，确认无误		N□ Y□	
评价	自评：	组评：		师评：

典型工作环节（二）：检视系统部件	2 课时

资讯

1. 请在下图中圈画出纯电动汽车的动力电池。

2. 吉利帝豪 EV、比亚迪 e5 等紧凑型电动汽车，需要每隔_____进行一次动力电池外部检视保养工作。

3. _____是指电池在标准规定条件下工作时应达到的电压。_____是指电池存储电量的大小。

4. 请写出下列部件的名称。

5. 常见的锂电池种类有磷酸铁锂电池、_____、_____、_____。

6. 高低压断电流程：断开蓄电池电缆，并裹好；断开动力电池高压线束插接器。高压验电流程：使用_____测量直流母线之间的电压，正常值小于_____，验电完成裹好绝缘胶带。

7. 检查动力电池底部有无明显异物，若存在明显异物，将其清除；使用_____对动力电池箱体部件进行清洁。

计划决策

1. 怎样检视动力电池系统部件状态？流程是什么？标准是什么？（小组内商讨）

2. 检视过程中有什么注意事项？（小组内商讨）

项目一 动力电池的保养与检修 **5**

（续）

	序号	工作步骤	具体事项	完成情况
实施	①	车辆标准下电	高压下电 低压下电	N□ Y□
	②	安全举升车辆		N□ Y□
	③	检查电池标签信息	电池种类：_____ 标称电压： 电池容量：_____ 电池重量： 生产日期：_____ 产品序号：	N□ Y□
	④	检查部件外观	检视动力电池壳体	N□ Y□
			检视动力电池外部的高低压线束	N□ Y□
			检视动力电池外部的线束插接件	N□ Y□
			检视动力电池的固定螺栓	N□ Y□
	⑤	清洁灰尘杂物		N□ Y□

典型工作环节（二）：检视系统部件　　2课时

检查	我已再次核对以上实施信息，确认无误	N□ Y□

评价	自评：	组评：	师评：

典型工作环节（三）：检测系统部件　　2课时

资讯

1.请写出下列仪器的名称。

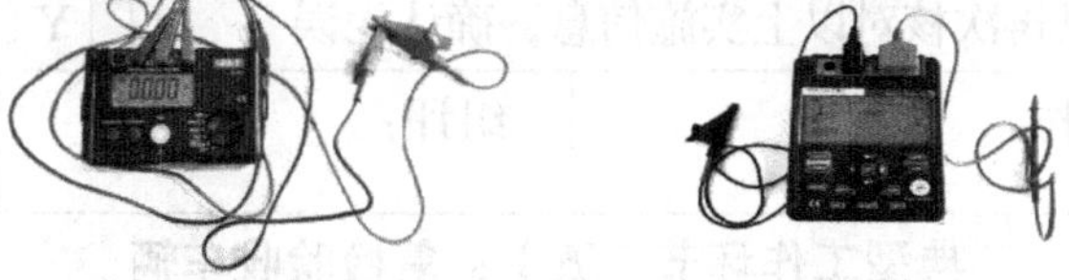

2.使用绝缘电阻测试仪前，需要进行_____检测，并确认电阻无穷大；然后进行_____检测，并确认电阻＜1Ω；确认"TEST"功能正常。

3.使用接地电阻测试仪时，将测试_____插入接地电阻测试仪的"+"和"-"端子；长按"开机键"开机；选择档位：按_____调到"1000V"档位。

计划决策

1.怎样检测动力电池系统部件状态？流程是什么？标准是什么？（小组内商讨）

2.检测过程中有什么注意事项？（小组内商讨）

（续）

典型工作环节（三）：检测系统部件				2 课时

实施	序号	工作步骤	具体事项	完成情况
	①	拆卸动力电池线束部位覆盖件		N□ Y□
	②	手动测量动力电池电压	数值：	N□ Y□
	③	手动测量动力电池绝缘电阻	数值：	N□ Y□
	④	手动测量动力电池等位线	数值：	N□ Y□

检查	我已再次核对以上实施信息，确认无误　　　N□ Y□		
评价	自评：	组评：	师评：

典型工作环节（四）：检修系统部件	1 课时

资讯	1. 检视动力电池防撞杆的_____，若存在变形，则需要_____。 2. 动力电池防撞杆的固定螺栓应无明显_____。
计划 决策	经过检视与检查工作后，发现动力电池防撞杆有裂痕，请思考如何检修？（小组内商讨）

实施	序号	工作步骤	完成情况
	①	判断故障部位	N□ Y□
	②	拆卸相关部件	N□ Y□
	③	检测判断问题	N□ Y□
	④	维修更换部件	N□ Y□
	⑤	复核检验部件	N□ Y□

检查	我已再次核对以上实施信息，确认无误　　　N□ Y□		
评价	自评：	组评：	师评：

典型工作环节（五）：复检验收车辆	1 课时

资讯	1. 复核工作环节主要包括对执行工作准备、检视系统部件、_____、检修系统部件四个典型工作环节的核查。 2. 车辆下降前保证地面清洁，举升机下无异物，下降时需要_____名人员负责操作下降杆，至少_____名人员站立于举升机另一侧，做好现场安全工作。 3. 高压上电时，_____连接充电机端插件，_____插头垂直对准插座轻按，然后使把手卡口卡到位或听到轻微"咔嚓"声；连接蓄电池负极电缆并紧固。 4. 检查时起动车辆主要是为了工作任务执行完毕后，达到检查车辆是否能够_____的目的。

（续）

典型工作环节（五）：复检验收车辆		1课时

资讯	5.进行整理清扫工作包括清洁校准存放操作、执行防护物品存放操作、工位清扫工作。		

计划决策	1.复检的内容有哪些？（小组内商讨） 2.复检的标准是什么？（小组内商讨）		

实施	序号	工作步骤	完成情况
	①	复核工作环节	N□ Y□
	②	安全降落车辆	N□ Y□
	③	车辆标准上电	N□ Y□
	④	检查启动车辆	N□ Y□
	⑤	整理清扫	N□ Y□

检查	我已再次核对以上实施信息，确认无误	N□ Y□

评价	自评：	组评：	师评：

学习任务二　动力电池冷却液更换

情境描述：一辆2018款的吉利帝豪EV450已行驶5万km，需到店进行保养维护工作。经确认，冷却液已到达更换周期。请你作为维修技师完成冷却液更换任务，并对冷却系统进行检修。

时长安排：8课时（360min）。

典型工作环节（一）：执行工作准备	1课时

资讯	1.请写出下列物品名称。 

（续）

典型工作环节（一）：执行工作准备	1 课时

资讯

2. 绝缘工具是采用绝缘材料进行加工并适用于电气系统拆装等操作的工具。作业前，需要对动力电池维修工具进行检查，保证其_____、无破洞和裂纹，_____、干燥，不能_____进行操作，以确保安全。

3. 检查作业现场是否配备灭火器或其他灭火器材，以及灭火器和灭火器箱的形式、外观、结构部件、_____、规格、材料、制造商名称、_____与检验报告是否一致；检查作业环境是否符合防火要求。

4. 检查绝缘头盔有无_____，有无明显_____，下颚带是否完好、牢固。

计划

1. 完成此工作环节需要哪些步骤？（小组内商讨）
2. 需要准备哪些设备与工具？（小组内商讨）
3. 完成此工作任务小组成员如何分工？（小组内商讨）

决策

1. 工作步骤填写

序号	工作步骤	具体事项	图示举例
①			
②			
③			
④			
⑤			

2. 小组成员分工

安全组长	操作员 1	操作员 2	记录员	资料员

（续）

典型工作环节（一）：执行工作准备	1课时

1. 执行场地防护

绝缘垫	警戒线	警示牌	灭火器
□已安置	□已安置	□已安置	□已安置

2. 执行人身防护

防护服	绝缘鞋	绝缘手套	绝缘头盔	护目镜
□已穿戴	□已穿戴	□已穿戴	□已穿戴	□已穿戴

3. 检查设备和工具

序号	设施设备名称	实际使用设备	数量	使用项目或用途	清点
①	吉利帝豪EV450整车		1辆	实训车辆	□已清点
②	绝缘工具箱		1个	调整或拆卸工具	□已清点
③	维修手册		1本	查阅保养维修信息	□已清点
④	举升机		1个	举升车辆	□已清点
⑤	万用表		1个	高压验电	□已清点
⑥	故障诊断仪		1个	读取数据流	□已清点
⑦	绝缘电阻测试仪		1个	测量绝缘阻值	□已清点
⑧	接地电阻测试仪		1个	电位均衡检测	□已清点
⑨	车轮挡块		4对	限制车辆移动	□已清点
⑩	警戒线、警示牌		1套	安全提示	□已清点
⑪	绝缘防护套装		1套	保证操作人员安全	□已清点
⑫	绝缘胶带		1个	包裹低压电池负极	□已清点
⑬	水管堵头		2个	堵住水管	□已清点

4. 记录车辆信息

品牌	整车型号	生产日期

车辆识别代码	工作电压	行驶里程

实施

典型工作环节（一）：执行工作准备	1 课时

实施

5. 执行车辆防护

□外观检查　　□内饰检查　　□剩余电量

随车物品确认：□随车工具　□车辆备胎　□警示装置　□其他物品

检查结果：良好√　异常×

车外	轮胎挡块	前格栅布	两侧翼子板布
	□已安置	□已安置	□已安置
车内	座椅防护套	转向盘与变速杆套	防护脚垫
	□已安置	□已安置	□已安置

检查 | 我已再次核对以上实施信息，确认无误 | N□ Y□

评价 | 自评： | 组评： | 师评：

典型工作环节（二）：检视系统部件	1 课时

资讯

1. 请将下图中的部件名称补充完整。

动力电池
内部管路　　热交换器

散热器

2. 冷却水泵是冷却液循环的动力元件，它的作用是对冷却液_____，促使冷却液在冷却系统中循环，以带走系统散发的热量。

3. 散热器的作用是_____已经达到高温的冷却液。原理是当散热器的管子和散热片暴露在冷却风扇产生的气流及车辆运动产生的气流中时，散热器中的冷却液变冷。

项目一 动力电池的保养与检修 **11**

（续）

典型工作环节（二）：检视系统部件	1课时

资讯	4.膨胀水箱位置要_____冷却系统的所有部件，目的是当冷却系统中冷却液受热膨胀至散热盖的蒸汽阀打开时，部分冷却液随着高压蒸汽通过溢水管回到膨胀水箱中。 5.为了防止汽车在冬季停车后，冷却液结冰而造成散热器、发动机缸体胀裂，要求冷却液的冰点应低于该地区最低温度_____左右，以备天气突变。
计划决策	1.怎样检视动力电池冷却系统部件状态？流程是什么？标准是什么？（小组内商讨） 2.检视过程中有什么注意事项？（小组内商讨）

	序号	工作步骤	具体事项	完成情况
实施	①	车辆标准下电	高压下电	N□Y□
			低压下电	N□Y□
	②	安全举升车辆		N□Y□
	③	检查部件外观	检视冷却液液位	N□Y□
			检视冷却水泵	N□Y□
			检视散热器及风扇	N□Y□
			检视冷却管路	N□Y□
			检视线束及插接件	N□Y□
	④	清洁灰尘杂物	检视灰尘杂物，使用气枪，抹布清洁	N□Y□

检查	我已再次核对以上实施信息，确认无误	N□Y□

评价	自评：	组评：	师评：

典型工作环节（三）：检测系统部件	2课时

资讯	1.冷却液是一种由_____、功能添加剂、水组成的特种液。随着汽车使用时间的延长，冷却液中的乙二醇会逐渐被氧化衰变，防腐剂不断被消耗掉，颜色也会随之暗淡。当冷却液质量下降到一定程度后，冷却系统就会出现腐蚀或达不到防冻要求。

12　电动汽车电池及管理系统保养与检修实训工单

（续）

典型工作环节（三）：检测系统部件	2课时

资讯	2.请补充下图部位名称。 ①　　②　　③　　④　　⑤

计划决策	1.怎样检测冷却液的冰点？方法是什么？标准是什么？（小组内商讨） 2.检测过程中有什么注意事项？（小组内商讨）

实施		

序号	工作步骤	具体事项	完成情况
①	取下并放置散热器盖		N□ Y□
②	检测冷却液冰点		N□ Y□
③	安全举升车辆		N□ Y□
④	拆卸覆盖件		N□ Y□

检查	我已再次核对以上实施信息，确认无误	N□ Y□

评价	自评：	组评：	师评：

典型工作环节（四）：检修系统部件	3.5课时

资讯	1.加注冷却液时，冷却液液位应加注到超过上刻线_____mm，并使用诊断仪进行至少_____次排气。 2.加注冷却液时，应随时检查加注质量，及时检查液面_____情况，并进行口头报告，告知教师是否需要继续加压。 3.加注过程中，冷却液不能有明显滴洒，若存在滴洒现象，应及时_____溢出的冷却液。

计划决策	1.冷却液从什么地方进行排放？（小组内商讨） 2.如何保证冷却液尽量不洒漏？（小组内商讨）

（续）

典型工作环节（四）：检修系统部件			3.5 课时

实施	序号	工作步骤	完成情况
	①	排放冷却液并收集	N□Y□
	②	安全降落车辆	N□Y□
	③	车辆标准上电	N□Y□
	④	静态加注冷却液	N□Y□
	⑤	系统排气	N□Y□
	⑥	检查冷却液液位	N□Y□
检查	我已再次核对以上实施信息，确认无误		N□Y□
评价	自评：	组评：	师评：

典型工作环节（五）：复检验收车辆			0.5 课时

资讯	1.安装动力电池后，需要检查动力电池两侧_____力矩是否标准。 2.安装动力电池高压插接器后，需要检查动力电池卡扣是否_____。 3.系统上电前，需要进行安全检查，如_____与其他高压部件的连接状态。		
计划决策	1.复检的内容有哪些?（小组内商讨） 2.复检的标准是什么?（小组内商讨） 3.该任务与"动力电池外观检修"任务的复检验收有何差别?（小组内商讨）		

实施	序号	工作步骤	完成情况
	①	安全举升车辆	N□Y□
	②	检查管路有无泄漏	N□Y□
	③	安全降落车辆	N□Y□
	④	竣工检验	N□Y□
	⑤	整理清扫	N□Y□
检查	我已再次核对以上实施信息，确认无误		N□Y□
评价	自评：	组评：	师评：

14 电动汽车电池及管理系统保养与检修实训工单

学习任务三 动力电池拆装与检修

情境描述： 一辆 2018 款的吉利帝豪 EV450 已行驶 15 万 km，车主反映车辆续驶里程明显变短，经诊断需要更换动力电池，请你作为维修技师完成此项任务。

时长安排： 6 课时（270min）。

典型工作环节（一）：执行工作准备	0.5 课时

资讯	1. 请写出下列物品名称。 2. 绝缘工具是采用绝缘材料进行加工并适用于电气系统拆装等操作的工具。作业前，需要对动力电池维修工具进行检查，保证其_____、无破洞和裂纹，_____、干燥，不能_____进行操作，以确保安全。 3. 检查作业现场是否配备灭火器或其他灭火器材，以及灭火器和灭火器箱的形式、外观、结构部件、_____、规格、材料、制造商名称、_____与检验报告是否一致；检查作业环境是否符合防火要求。 4. 检查绝缘头盔有无_____，有无明显_____，下颚带是否完好、牢固。
计划	1. 完成此工作环节需要哪些步骤?（小组内商讨） 2. 需要准备哪些设备与工具?（小组内商讨） 3. 完成此工作任务小组成员如何分工?（小组内商讨）

决策

1. 工作步骤填写

序号	工作步骤	具体事项	图示举例
①			
②			
③			

项目一 动力电池的保养与检修 **15**

（续）

典型工作环节（一）：执行工作准备	0.5 课时

<table>
<tr><td rowspan="2">决策</td><td colspan="5">

序号	工作步骤	具体事项	图示举例
④			
⑤			

2. 小组成员分工

安全组长	操作员 1	操作员 2	记录员	资料员

</td></tr>
</table>

实施

1. 执行场地防护

绝缘垫	警戒线	警示牌	灭火器
□已安置	□已安置	□已安置	□已安置

2. 执行人身防护

防护服	绝缘鞋	绝缘手套	绝缘头盔	护目镜
□已穿戴	□已穿戴	□已穿戴	□已穿戴	□已穿戴

3. 检查设备和工具

序号	设施设备名称	实际使用设备	数量	使用项目或用途	清点
①	吉利帝豪 EV450 整车		1 辆	实训车辆	□已清点
②	绝缘工具箱		1 个	调整或拆卸工具	□已清点
③	维修手册		1 本	查阅保养维修信息	□已清点
④	举升机		1 个	举升车辆	□已清点
⑤	万用表		1 个	高压验电	□已清点
⑥	故障诊断仪		1 个	读取数据流	□已清点
⑦	绝缘电阻测试仪		1 个	测量绝缘阻值	□已清点
⑧	接地电阻测试仪		1 个	电位均衡检测	□已清点
⑨	车轮挡块		4 对	限制车辆移动	□已清点
⑩	警戒线、警示牌		1 套	安全提示	□已清点
⑪	绝缘防护套装		1 套	保证操作人员安全	□已清点
⑫	绝缘胶带		1 个	包裹低压电池负极	□已清点

16 电动汽车电池及管理系统保养与检修实训工单

（续）

典型工作环节（一）：执行工作准备	0.5 课时

实施

4. 记录车辆信息

品牌	整车型号	生产日期
车辆识别代码	**工作电压**	**行驶里程**

5. 执行车辆防护

□外观检查　　　　　　□内饰检查　　　　　　□剩余电量

随车物品确认：□随车工具　□车辆备胎　□警示装置　□其他物品

检查结果：良好√　异常 ×

车外	轮胎挡块	前格栅布	两侧翼子板布
	□已安置	□已安置	□已安置
车内	座椅防护套	转向盘与变速杆套	防护脚垫
	□已安置	□已安置	□已安置

检查	我已再次核对以上实施信息，确认无误	N□ Y□

评价	自评：	组评：	师评：

典型工作环节（二）：检视系统部件	0.5 课时

资讯

1. 请将下图中的部件名称补充完整。

接线盒　　　　　　电池箱体

电池模组连接线

项目一 动力电池的保养与检修 17

（续）

典型工作环节（二）：检视系统部件	0.5 课时

资讯	2.动力电池结构系统主要由组合电池_____、_____、各种金属支架、端板和螺栓组成，可以看作组合电池的"骨骼"，起到_____、抗机械冲击、_____和环境保护（防水防尘）的作用。 3.动力电池箱上盖是_____、_____和包围动力电池系统的组件，起到承载和保护动力电池系统的作用。 4._____可以看作组合的"大动脉血管"，将动力电池系统"心脏"的动力不断输送到各个需要的部件中，_____则可以看作组合电池的"神经网络"，实时传输检测信号和控制信号。
计划决策	1.怎样检视动力电池？流程是什么？标准是什么？（小组内商讨） 2.检视过程中有什么注意事项？（小组内商讨）

序号	工作步骤	具体事项	完成情况
①	车辆标准下电	高压下电、低压下电	N□Y□
②	安全举升车辆		N□Y□
③	排放冷却液		N□Y□
④	拆卸动力电池下护板		N□Y□
⑤	断开高低压线束和插接件		N□Y□

实施

检查	我已再次核对以上实施信息，确认无误	N□Y□
评价	自评： 组评： 师评：	

典型工作环节（三）：检测系统部件	1 课时

资讯	1.请将下图中的部件名称补充完整。

电动汽车电池及管理系统保养与检修实训工单

（续）

典型工作环节（三）：检测系统部件	1 课时

资讯	2. 对于动力电池而言，电压可分为_____、_____和充电 / 终止电压。其中工作电压是电池在一定负载条件下实际的放电电压，如铅酸电池的工作电压为 1.8~2V，镍氢电池的工作电压为 1.1~1.5V，锂离子电池的工作电压为_____。 3. 容量是指在充电以后，在一定放电条件下所能释放出的电量，其单位为_____，容量与放电电流大小和充放电截止电压有关，一般应用_____和_____。
计划决策	1. 怎样检测动力电池漏电电压？方法是什么？标准是什么？（小组内商讨） 2. 检测过程中有什么注意事项？（小组内商讨）

实施	序号	工作步骤	具体事项	完成情况
	①	测量动力电池漏电电压		N□ Y□
	②	进行动力电池母线放电		N□ Y□

检查	我已再次核对以上实施信息，确认无误	N□ Y□

评价	自评：	组评：	师评：

典型工作环节（四）：检修系统部件	3.5 课时

资讯	1. 汽车维修举升机操作图标。 （1）观看下列图标，把正确内容序号填在下面括号内。 （2）按操作顺序写出正确的操作流程。 （ ）　　　（ ）　　　（ ）　　　（ ） （ ）　　　（ ）　　　（ ）　　　（ ）

（续）

典型工作环节（四）：检修系统部件	3.5 课时

<table>
<tr><td rowspan="2">资讯</td><td>

（　　　）　　（　　　）　　（　　　）　　（　　　）

①使用前必须仔细阅读说明书。

②只有熟练掌握操作方法的人员才能使用举升机。

③只有被老师安排的学生才可以操作举升机。

④请勿使用已经损坏的举升机。

⑤使用汽车维修手册上规定的举升点。

⑥移动或拆装重型物体时需使用安全支架。

⑦举升机举升或下降时，人员不要停留在举升物下方。

⑧不要过重推、拉举起的汽车。

⑨出现危险时，迅速离场。

⑩汽车重心应在说明书规定的平面内。

⑪下降时不要把脚放在托臂下方。

⑫按期维护保养举升机。

2. 请将故障现象与最佳处理方案连接。

电池箱箱体有轻微划痕

电池箱箱体破损　　　　　　　　　　　　更换

防撞梁严重变形

底部防石击胶腐蚀　　　　　　　　　　　维修

高压插接器脏污
</td></tr>
</table>

<table>
<tr><td rowspan="2">计划
决策</td><td>1. 怎样拆装与更换动力电池系统部件？流程是什么？标准是什么？（小组内商讨）</td></tr>
<tr><td>2. 拆装与更换过程中有什么注意事项？（小组内商讨）</td></tr>
</table>

<table>
<tr><td rowspan="7">实施</td><td>序号</td><td>工作步骤</td><td>完成情况</td></tr>
<tr><td>①</td><td>拆卸动力电池</td><td>N □ Y □</td></tr>
<tr><td>②</td><td>安装动力电池</td><td>N □ Y □</td></tr>
<tr><td>③</td><td>连接高低压线束和插接件</td><td>N □ Y □</td></tr>
<tr><td>④</td><td>安全降落车辆</td><td>N □ Y □</td></tr>
<tr><td>⑤</td><td>静态加注冷却液</td><td>N □ Y □</td></tr>
<tr><td>⑥</td><td>系统排气</td><td>N □ Y □</td></tr>
</table>

典型工作环节（四）：检修系统部件			3.5 课时

	序号	工作步骤	完成情况
实施	⑦	检查冷却液液位	N□Y□
	⑧	安全举升车辆	N□Y□
	⑨	安装动力电池下护板	N□Y□
	⑩	安全降落车辆	N□Y□
	⑪	车辆标准上电	N□Y□
检查	我已再次核对以上实施信息，确认无误		N□Y□
评价	自评：	组评：	师评：

典型工作环节（五）：复检验收车辆	0.5 课时

资讯

1. 复核工作环节主要包括对执行工作准备、检视系统部件、_____、检修系统部件四个典型工作环节的核查。

2. 车辆下降前保证地面清洁、举升机下无异物，下降时需要_____名人员负责操作下降杆，至少_____名人员站立于举升机另一侧，做好现场安全工作。

3. 高压上电时，_____连接充电机端插件，_____插头垂直对准插座轻按，然后使把手卡口卡到位或听到轻微"咔嚓"声；连接蓄电池负极电缆并紧固。

4. 检查启动车辆主要为了工作任务执行完毕后，达到检查车辆是否能够_____的目的。

5. 进行整理清扫工作包括_____清洁、校准、存放操作、执行防护物品存放操作、工位清扫工作。

计划决策

1. 复检的内容有哪些？（小组内商讨）
2. 复检的标准是什么？（小组内商讨）
3. 该任务与"动力电池外观检修"任务的复检验收有何差别？（小组内商讨）

	序号	工作步骤	完成情况
实施	①	复核工作环节	N□Y□
	②	安全降落车辆	N□Y□
	③	车辆标准上电	N□Y□
	④	检查启动车辆	N□Y□
	⑤	整理清扫	N□Y□
检查	我已再次核对以上实施信息，确认无误		N□Y□
评价	自评：	组评：	师评：

项目二　高低压充电系统的检修

学习任务一　高低压充电系统检查

情境描述： 一辆 2018 款的吉利帝豪 EV450 已行驶 2 万 km，需到店进行维护保养工作。由于电动汽车充电系统是维持电动汽车运行的能源补给设施，所以充电系统各部件的检查是一项重要工作，直接影响整车安全性。请你作为维修技师完成此项任务，并将实训工单填写完毕。

时长安排： 8 课时（360min）。

	典型工作环节（一）：执行工作准备	2 课时
资讯	1. 请根据序号写出物体对应名称。 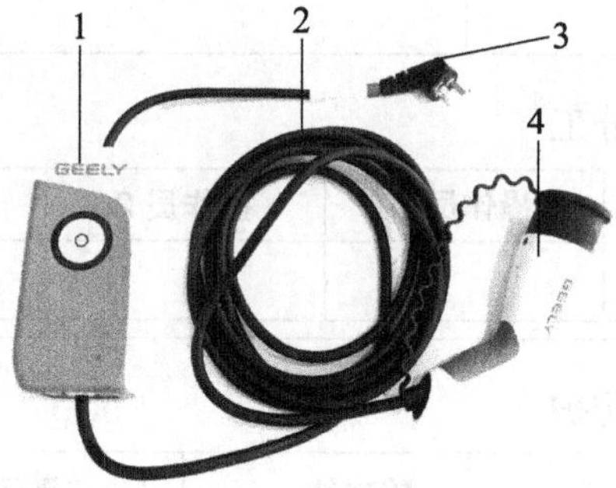 1—　　　2—　　　3—　　　4— 2. 检查绝缘垫有无破损、磨损等现象。绝缘垫的检查方法：可用＿＿＿＿测量其对地绝缘阻值。 3. 绝缘电阻测试仪是用于测量交流/直流电压、搭铁耦合电阻和＿＿＿＿的设备，其测量的阻值是表征电动汽车电气安全性能的重要参数。	
计划	1. 完成此工作环节需要哪些步骤？（小组内商讨） 2. 需要准备哪些设备与工具？（小组内商讨） 3. 完成此工作任务小组成员如何分工？（小组内商讨）	

电动汽车电池及管理系统保养与检修实训工单

（续）

典型工作环节（一）：执行工作准备	2 课时

1. 工作步骤填写

<table>
<tr><th>序号</th><th>工作步骤</th><th>具体事项</th><th>图示举例</th></tr>
<tr><td>①</td><td></td><td></td><td></td></tr>
<tr><td>②</td><td></td><td></td><td></td></tr>
<tr><td>③</td><td></td><td></td><td></td></tr>
<tr><td>④</td><td></td><td></td><td></td></tr>
<tr><td>⑤</td><td></td><td></td><td></td></tr>
</table>

2. 小组成员分工

安全组长	操作员 1	操作员 2	记录员	资料员

1. 执行场地防护

绝缘垫	警戒线	警示牌	灭火器
□已安置	□已安置	□已安置	□已安置

2. 执行人身防护

防护服	绝缘鞋	绝缘手套	绝缘头盔	护目镜
□已穿戴	□已穿戴	□已穿戴	□已穿戴	□已穿戴

3. 检查设备和工具

序号	设施设备名称	实际使用设备	数量	使用项目或用途	清点
①	吉利帝豪 EV450 整车		1 辆	实训车辆	□已清点
②	绝缘工具箱		1 个	调整或拆卸工具	□已清点

（续）

典型工作环节（一）：执行工作准备		2 课时

序号	设施设备名称	实际使用设备	数量	使用项目或用途	清点
③	维修手册		1本	查阅保养维修信息	□已清点
④	绝缘电阻测试仪		1个	测量绝缘阻值	□已清点
⑤	万用表		1个	高压验电	□已清点
⑥	随车充电器		1个	车载充电	□已清点
⑦	车轮挡块		4对	限制车辆移动	□已清点
⑧	绝缘防护套装		1套	保证操作人员安全	□已清点
⑨	绝缘胶带		1个	包裹低压电池负极	□已清点

实施

4. 记录车辆信息

品牌	整车型号	生产日期

车辆识别代码	工作电压	行驶里程

5. 执行车辆防护

□外观检查　　　　　□内饰检查　　　　　□剩余电量

随车物品确认：□随车工具　□车辆备胎　□警示装置　□其他物品

检查结果：良好√　异常×

车外	轮胎挡块	前格栅布	两侧翼子板布
	□已安置	□已安置	□已安置

车内	座椅防护套	转向盘与变速杆套	防护脚垫
	□已安置	□已安置	□已安置

检查	我已再次核对以上实施信息，确认无误	N□ Y□

评价	自评：	组评：	师评：

（续）

典型工作环节（二）：检视系统部件	2课时

资讯

1.请写出下列交流充电系统相关部件的名称。

_____ → _____ → _____ → 车载充电机 ↓

高压配电盒 ← _____ ←

2.直流快充充电系统主要由_____、_____、_____以及动力电池等组成。相对于交流慢充系统，它不需要_____参与工作。

3.检查高低压线束外观是否有破损、高压线束表面绝缘层是否损坏、高压线束有无断裂时需要佩戴_____。若发现问题，及时进行修复。

计划决策

1.怎样检视充电系统部件状态？流程是什么？标准是什么？（小组内商讨）

2.检视过程中有什么注意事项？（小组内商讨）

实施

序号	工作步骤	具体事项	完成情况
①	车辆标准下电	高压下电、低压下电	N□ Y□
②	检查部件外观	检视充电口	N□ Y□
		检查充电枪及连接线、充电插座	N□ Y□
		检查充电系统高低压线束	N□ Y□
③	清洁灰尘杂物		N□ Y□

检查

我已再次核对以上实施信息，确认无误	N□ Y□

评价

自评：	组评：	师评：

项目二 高低压充电系统的检修 **25**

（续）

典型工作环节（三）：检测系统部件	2 课时

资讯	1. 请写出下列仪器的名称。  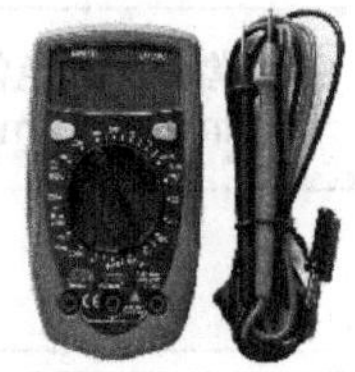 2. 使用绝缘电阻测试仪前，需要进行_____检测，并确认电阻无穷大；然后进行_____检测，并确认电阻＜1Ω；确认"TEST"功能正常。 3. 请识别以下充电口并填上对应的端子名称。 ____充电口　　　____充电口 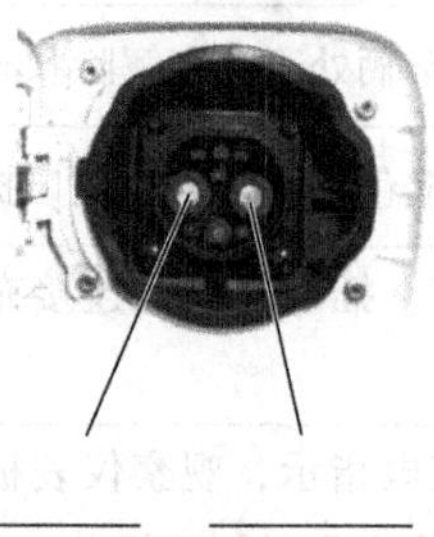 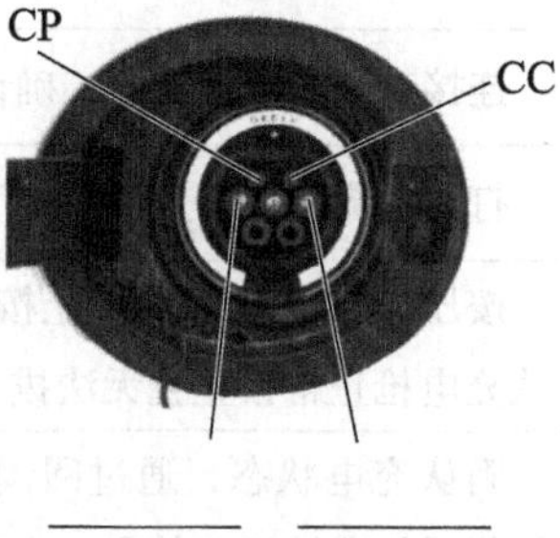 CP CC
计划决策	1. 怎样检测车载充电系统部件状态？流程是什么？标准是什么？（小组内商讨） 2. 检测过程中有什么注意事项？（小组内商讨）

	序号	工作步骤	具体事项	完成情况
实施	①	检测充电口各端子电压	数值：	N□ Y□
	②	车辆标准下电	高压下电、低压下电	N□ Y□
	③	测量充电口的绝缘电阻	数值：	N□ Y□

检查	我已再次核对以上实施信息，确认无误	N□ Y□

评价	自评：	组评：	师评：

（续）

典型工作环节（四）：检修系统部件	1 课时

<table>
<tr><td rowspan="3">资讯</td><td colspan="2">1. 交流充电口一般设置在汽车的_____。
2. 请根据交流充电指示灯的状态填写含义。</td></tr>
<tr><td>显示</td><td>白色常亮
2min</td><td>黄色常亮
2min</td><td>绿色闪烁
2min</td><td>蓝色常亮
2min</td><td>绿色常亮
2min</td><td>红色常亮
2min</td><td>蓝色闪烁
2min</td></tr>
<tr><td>含义</td><td></td><td></td><td></td><td></td><td></td><td></td><td></td></tr>
</table>

计划决策	经过检视与检查工作后，发现充电口表面有异物，请思考如何检修？（小组内商讨）

<table>
<tr><td rowspan="6">实施</td><td>序号</td><td>工作步骤</td><td>完成情况</td></tr>
<tr><td>①</td><td>确认车辆处于静止（P 位）、OFF 状态</td><td>N□ Y□</td></tr>
<tr><td>②</td><td>连接充电枪准备充电，确认车辆处于防盗解除状态</td><td>N□ Y□</td></tr>
<tr><td>③</td><td>打开交流充电口盖板，按下橙色按钮拔出充电口护盖</td><td>N□ Y□</td></tr>
<tr><td>④</td><td>按压车载充电机的锁止按钮，插入充电枪连接充电，确认充电枪正常锁止且无法拔下</td><td>N□ Y□</td></tr>
<tr><td>⑤</td><td>确认充电状态，通过阅读充电指示，观察仪表板充电连接指示灯确认连接情况，查看充电指示灯的颜色</td><td>N□ Y□</td></tr>
</table>

检查	我已再次核对以上实施信息，确认无误	N□ Y□

评价	自评：	组评：	师评：

典型工作环节（五）：复检验收车辆	1 课时

资讯	1. 复核工作环节主要包括对执行工作准备、检视系统部件、_____、检修系统部件四个典型工作环节的核查。 2. 高压上电时，_____连接充电机端插件，_____插头垂直对准插座轻按，然后使把手卡口卡到位或听到轻微"咔嚓"声；连接蓄电池负极电缆并紧固。 3. 检查时启动车辆主要是为了工作任务执行完毕后，达到检查车辆是否能够_____的目的。 4. 进行整理清扫工作，包括_____清洁、校准、存放操作、执行防护物品存放操作、工位清扫工作。

计划决策	1. 复检的内容有哪些？（小组内商讨） 2. 复检的标准是什么？（小组内商讨）

项目二 高低压充电系统的检修 27

（续）

典型工作环节（五）：复检验收车辆			1 课时
实施	序号	工作步骤	完成情况
	①	复核工作环节	N□ Y□
	②	车辆标准上电	N□ Y□
	③	检查启动车辆	N□ Y□
	④	整理清扫	N□ Y□
检查	我已再次核对以上实施信息，确认无误		N□ Y□
评价	自评：	组评：	师评：

学习任务二 车载充电机拆装与更换

情境描述：一辆 2018 款的吉利帝豪 EV450 已行驶 2 万 km，需到店进行维护保养工作。由于电动汽车车载充电机是充电系统的重要部件，所以车载充电机的定期检查是一项重要工作，直接影响整车安全性。请你作为维修技师完成此项任务，并将实训工单填写完毕

时长安排：8 课时（360min）。

典型工作环节（一）：执行工作准备	1 课时
资讯	1. 请写出下列物品名称。 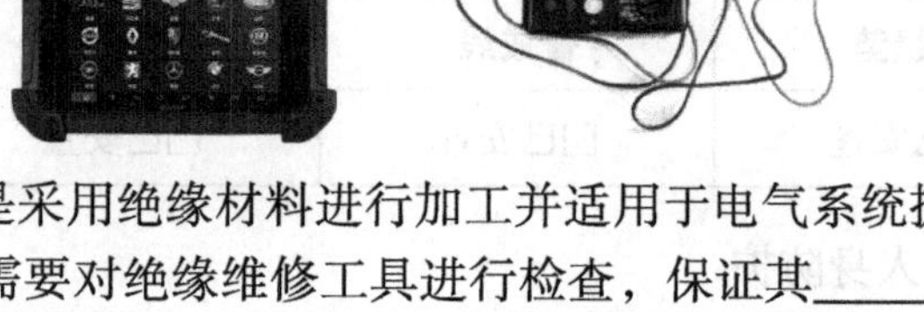 2. 绝缘工具是采用绝缘材料进行加工并适用于电气系统拆装等操作的工具。作业前，需要对绝缘维修工具进行检查，保证其_____、无破洞和裂纹，_____、干燥，不能_____进行操作，以确保安全。 3. 检查绝缘头盔有无_____，有无明显_____，下颚带是否完好、牢固。

典型工作环节（一）：执行工作准备	1 课时

计划	1. 完成此工作环节需要哪些步骤？（小组内商讨） 2. 需要准备哪些设备与工具？（小组内商讨） 3. 完成此工作任务小组成员如何分工？（小组内商讨）

决策

1. 工作步骤填写

序号	工作步骤	具体事项	图示举例
①			
②			
③			
④			
⑤			

2. 小组成员分工

安全组长	操作员 1	操作员 2	记录员	资料员

实施

1. 执行场地防护

绝缘垫	警戒线	警示牌	灭火器
□已安置	□已安置	□已安置	□已安置

2. 执行人身防护

防护服	绝缘鞋	绝缘手套	绝缘头盔	护目镜
□已穿戴	□已穿戴	□已穿戴	□已穿戴	□已穿戴

典型工作环节（一）：执行工作准备	1 课时

3. 检查设备和工具

序号	设施设备名称	实际使用设备	数量	使用项目或用途	清点
①	吉利帝豪EV450整车		1辆	实训车辆	□已清点
②	绝缘工具箱		1个	调整或拆卸工具	□已清点
③	维修手册		1本	查阅保养维修信息	□已清点
④	故障诊断仪		1个	读取数据流	□已清点
⑤	绝缘电阻测试仪		1个	测量绝缘阻值	□已清点
⑥	万用表		1个	高压验电	□已清点
⑦	接地电阻测试仪		1个	电位均衡检测	□已清点
⑧	车轮挡块		4对	限制车辆移动	□已清点
⑨	绝缘防护套装		1套	保证操作人员安全	□已清点
⑩	绝缘胶带		1个	包裹低压电池负极	□已清点
⑪	手电筒		1个	检查冷却液液面	□已清点

4. 记录车辆信息

品牌	整车型号	生产日期
车辆识别代码	**工作电压**	**行驶里程**

5. 执行车辆防护

□外观检查　　　　□内饰检查　　　　□剩余电量

随车物品确认：□随车工具　□车辆备胎　□警示装置　□其他物品

检查结果：良好√　异常×

车外	轮胎挡块	前格栅布	两侧翼子板布
	□已安置	□已安置	□已安置
车内	座椅防护套	转向盘与变速杆套	防护脚垫
	□已安置	□已安置	□已安置

30 电动汽车电池及管理系统保养与检修实训工单

（续）

典型工作环节（一）：执行工作准备		1 课时

检查	我已再次核对以上实施信息，确认无误	N□Y□

评价	自评：	组评：	师评：

典型工作环节（二）：检视系统部件		1 课时

资讯	1. 一般车载充电机安装在_____内，部分车型的车载充电机是单独的，称为_____式车载充电机。 2. 检视车载充电机的高低压线束插接器是否能够正常连接、断开时需要佩戴_____，保证高压线束插接器能正常导通。

计划决策	1. 怎样检视车载充电机部件状态？流程是什么？标准是什么？（小组内商讨） 2. 检视过程中有什么注意事项？（小组内商讨）

	序号	工作步骤	具体事项	完成情况
实施	①	车辆标准下电	高压下电	N□Y□
			低压下电	N□Y□
	②	检查车载充电机	检视车载充电机外观	N□Y□
			检视车载充电机固定螺栓	N□Y□
			检视车载充电机冷却水管	N□Y□
			检视车载充电机工作时充电指示灯状态	N□Y□
			检视车载充电机的高低压线束和插接器	N□Y□
	③	检视冷却液液位	检查冷却液膨胀罐内液位是否在 MAX（上限）和 MIN（下限）之间	N□Y□
	④	清洁灰尘杂物	检视灰尘杂物，使用气枪、抹布清洁	N□Y□

检查	我已再次核对以上实施信息，确认无误	N□Y□

评价	自评：	组评：	师评：

项目二 高低压充电系统的检修 **31**

（续）

典型工作环节（三）：检测系统部件	2 课时

资讯	1. 车载充电机（OBC）是固定安装在纯电动汽车上的充电机，其主要作用是将外部输入的 220V 或者 380V 交流电转换为_____电输送给高压配电盒，从而给_____充电。 2. 使用接地电阻测试仪检查车载充电机接地电阻，应小于_____Ω。 3. 检查车载充电机低压线束插接器的端子电压，标准电压为_____V。 4. 检查车载充电机低压线束插接器的接地端子导通性，标准电阻小于_____Ω。
计划 决策	1. 怎样检测车载充电机是否正常？方法是什么？标准是什么？（小组内商讨） 2. 检测过程中有什么注意事项？（小组内商讨）

	序号	工作步骤	具体事项	完成情况
实施	①	检测车载充电机的接地情况	数值：	N□ Y□
	②	检测车载充电机熔丝	数值：	N□ Y□
	③	检测车载充电机低压线束插接器	检查车载充电机低压线束插接器的端子电压，数值为：	N□ Y□
			检查车载充电机低压线束插接器的接地端子导通性，数值为：	N□ Y□

检查	我已再次核对以上实施信息，确认无误	N□ Y□

评价	自评：	组评：	师评：

典型工作环节（四）：检修系统部件	3.5 课时

资讯	1. 拆卸车载充电机的流程：排放冷却液 - 断开_____ - 断开水管和搭铁线 - 拆卸车载充电机。 2. 检测车载充电机的绝缘电阻：使用绝缘电阻测试仪检测车载充电机外壳与车载充电机高压插头之间的阻值，要求绝缘阻值大于_____MΩ。车载充电机高压插头分别为车载充电机输入端、_____、_____、_____。

32　电动汽车电池及管理系统保养与检修实训工单

（续）

典型工作环节（四）：检修系统部件				3.5 课时

资讯	3. 安装车载充电机的流程：放置车载充电机并使用_____N·m 的力矩紧固车载充电机 4 个固定螺栓 - 连接水管和搭铁线 - 连接高低压插接器 - 加注_____ - 更换后的检查包括安全检查和慢充测试。			
计划决策	1. 冷却液从什么地方进行排放？（小组内商讨） 2. 如何保证冷却液尽量不洒漏？（小组内商讨）			

实施	序号	工作步骤		完成情况
	①	拆卸车载充电机	排放冷却液	N□ Y□
			断开加热器高低压插接器	
			断开水管和搭铁线	
			拆卸固定螺栓	
	②	检测车载充电机的绝缘电阻	绝缘电阻测试仪校表	N□ Y□
			检测车载充电机外壳与车载充电机输入端的绝缘电阻数值为：	
			检测车载充电机外壳与车载充电机输出端的绝缘电阻数值为：	
			检测车载充电机外壳与车载充电机分线盒的绝缘电阻数值为：	
			检测车载充电机外壳与车载充电机充电端的绝缘电阻数值为：	
	③	安装车载充电机	放置车载充电机	N□ Y□
			使用 22N·m 的力矩紧固车载充电机 4 个固定螺栓	
			连接水管和搭铁线	
			连接高低压插接器	
			加注冷却液	
	④	更换后的检查包括安全检查和慢充测试		N□ Y□

检查	我已再次核对以上实施信息，确认无误		N□ Y□
评价	自评：	组评：	师评：

（续）

典型工作环节（五）：复检验收车辆		0.5 课时
资讯	1. 冷却液加注完毕后，应检查管路有无_____，确认无误后，请示教师进行车辆上电，打开充电口盖，连接充电枪，检查车辆充电状况。 2. 工作任务完成后，应检查整车上电状态、仪表状态并记录，读取_____，查看动力电池数据流是否正常。	
计划 决策	1. 复检的内容有哪些？（小组内商讨） 2. 复检的标准是什么？（小组内商讨）	

实施	序号	工作步骤	完成情况
	①	车辆标准上电	N□Y□
	②	竣工检验：连接充电枪，检查车辆充电状况	N□Y□
	③	整理清扫	N□Y□

检查	我已再次核对以上实施信息，确认无误	N□Y□

评价	自评：	组评：	师评：

学习任务三　无法充电故障诊断

情境描述： 一辆2018款的吉利帝豪EV450已行驶2万km，某天车主在充电时，发现无法充电，需到店进行维修。由于充电系统是电动汽车动力来源的主要路径，所以充电系统的故障诊断是一项重要工作，直接影响整车安全性。请你作为维修技师完成此项任务，并将实训工单填写完毕。

时长安排： 6课时（270min）。

典型工作环节（一）：执行工作准备	0.5 课时
资讯	1. 请写出下列物品名称。 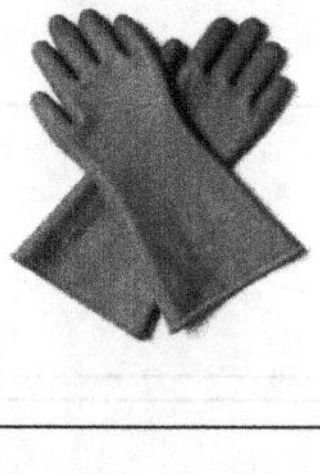

典型工作环节（一）：执行工作准备	0.5 课时

资讯

2. 根据下图所示，请说明直流电压档和交流电压档的量程分别有哪些，要求写明单位。

1）直流电压档：

_____。

2）交流电压档：

_____。

3. 检查绝缘垫有无破损、磨损等现象。绝缘垫的检查方法：可用_____测量其对地绝缘阻值。

4. 检查绝缘头盔有无_____，有无明显_____，下颚带是否完好、牢固。

计划

1. 完成此工作环节需要哪些步骤？（小组内商讨）
2. 需要准备哪些设备与工具？（小组内商讨）
3. 完成此工作任务小组成员如何分工？（小组内商讨）

决策

1. 工作步骤填写

序号	工作步骤	具体事项	图示举例
①			
②			
③			
④			
⑤			

项目二 高低压充电系统的检修 **35**

（续）

典型工作环节（一）：执行工作准备	0.5 课时

决策

2. 小组成员分工

安全组长	操作员1	操作员2	记录员	资料员

实施

1. 执行场地防护

绝缘垫	警戒线	警示牌	灭火器
□已安置	□已安置	□已安置	□已安置

2. 执行人身防护

防护服	绝缘鞋	绝缘手套	绝缘头盔	护目镜
□已穿戴	□已穿戴	□已穿戴	□已穿戴	□已穿戴

3. 检查设备和工具

序号	设施设备名称	实际使用设备	数量	使用项目或用途	清点
①	吉利帝豪EV450整车		1辆	实训车辆	□已清点
②	绝缘工具箱		1个	调整或拆卸工具	□已清点
③	维修手册		1本	查阅保养维修信息	□已清点
④	故障诊断仪		1个	读取数据流	□已清点
⑤	绝缘电阻测试仪		1个	测量绝缘阻值	□已清点
⑥	万用表		1个	高压验电	□已清点
⑦	接地电阻测试仪		1个	电位均衡检测	□已清点
⑧	车轮挡块		4对	限制车辆移动	□已清点
⑨	绝缘防护套装		1套	保证操作人员安全	□已清点
⑩	绝缘胶带		1个	包裹低压电池负极	□已清点

4. 记录车辆信息

品牌	整车型号	生产日期

车辆识别代码	工作电压	行驶里程

（续）

典型工作环节（一）：执行工作准备		0.5 课时

实施

5. 执行车辆防护

□外观检查　　　　□内饰检查　　　　□剩余电量

随车物品确认：□随车工具　□车辆备胎　□警示装置　□其他物品

检查结果：良好√　异常 ×

车外	轮胎挡块	前格栅布	两侧翼子板布
	□已安置	□已安置	□已安置
车内	座椅防护套	转向盘与变速杆套	防护脚垫
	□已安置	□已安置	□已安置

检查	我已再次核对以上实施信息，确认无误	N□Y□

评价	自评：	组评：	师评：

典型工作环节（二）：检视系统部件		0.5 课时

资讯

1. 请仔细阅读以下题目，判断对错。

（1）充电口、充电枪、充电插座需要检查插接件是否接合紧固。（　　　）

（2）潮湿天气时不需要确认充电枪头与电动汽车插座干燥，继续充电即可。（　　　）

（3）作业前需要检查车载充电机的高低压线束是否破损、断裂。（　　　）

2. 根据绝缘电阻测试仪的显示数值判定其是否可以正常使用。

短路检测　　　　　　　　　开路检测

（　　　）　　　　　　　　（　　　）

（续）

典型工作环节（二）：检视系统部件		0.5 课时	

计划决策	1.怎样检视充电系统部件状态？流程是什么？标准是什么？（小组内商讨） 2.检视过程中有什么注意事项？（小组内商讨）		

实施	序号	工作步骤	完成情况
	①	检查充电口、充电枪、充电插座是否接合紧固	N□ Y□
	②	检查车载充电机的高低压线束是否破损、断裂	N□ Y□
	③	检查车载充电机的高低压线束插接器是否接合稳固	N□ Y□

检查	我已再次核对以上实施信息，确认无误	N□ Y□

评价	自评：	组评：	师评：

典型工作环节（三）：检测系统部件	1 课时

资讯	1. 检查蓄电池电压，用万用表电压档测量蓄电池电压，标准电压_____V。 2. 交流充电桩通过车载充电机为电池充电，交流充电系统主要是将交流充电桩的充电接头接入交流充电口，通过车载充电机将 220V_____电转为_____电给动力电池充电。 3. 交流充电桩输出由 7 根线组成，分别是：交流电源 -_____；中线 -_____；设备地线 -_____；充电连接确认 -_____；控制确认 -CP；备用端子 -NC1、NC2。

计划决策	1.怎样检测充电系统故障？方法是什么？标准是什么？（小组内商讨） 2.检测过程中有什么注意事项？（小组内商讨）

实施	序号	工作步骤	具体事项	完成情况
	①	检查车辆工作情况	启动汽车，使车辆处于 Ready 状态	N□ Y□
			检查蓄电池电压，用万用表电压档测量蓄电池电压（标准电压为 11 ~ 14V），测量数值为：	N□ Y□
	②	确定车辆故障现象	将充电枪与充电插座进行连接	N□ Y□
			观察充电口指示灯和仪表盘上的充电连接指示灯是否点亮	N□ Y□

（续）

典型工作环节（三）：检测系统部件				1 课时
	序号	工作步骤	具体事项	完成情况
实施	③	读取故障信息	连接诊断仪，操作点火开关至 ON 状态	N□Y□
			打开诊断仪，选择"故障诊断"—"选择车型"—"充电控制器 OBC"，开始读取故障码，清除历史故障码，并再次读取故障码，确认故障信息	N□Y□
检查	我已再次核对以上实施信息，确认无误			N□Y□
评价	自评：		组评：	师评：

典型工作环节（四）：检修系统部件	3.5 课时

资讯

1. 纯电动汽车不能充电的主要原因有_____故障、_____故障、_____故障、_____故障和通信故障五个方面。

2. 高压充电系统常见故障排除流程：检查线束连接情况 –_____– 确定故障现象 – 维修故障点。

3. 当车辆处于交流充电模式下，车载充电机检测交流充电口充电枪的_____信号、_____信号，并唤醒电池管理系统（BMS），BMS 唤醒车载充电并发送充电指令，同时闭合主继电器，动力电池开始充电。

计划决策

1. 无法充电一般需要如何排除故障？（小组内商讨）
2. 如何保证冷却液尽量不洒漏？（小组内商讨）

	序号	工作步骤	具体事项	完成情况
实施	①	检修 CC-PE 端子	测量 CC-PE 之间的电压，标准电压为 10 ~ 13V；若出现测量电压为 0V，则进行下一步操作	N□Y□
			测量 CC 端子与车载充电机线束插接器端子电阻；标准电阻为小于 1Ω。若阻值为无穷大，则说明线路断路，需要更换线束	
	②	检修 CP-PE 端子	测量 CP-PE 电压，标准压降：1 ~ 2V。如 CP 与 PE 端子电压为 0V，则进行下一步操作	N□Y□
			检测 CP 与车载充电机线束插接器端子电阻，标准电阻：小于 1Ω。若阻值为无穷大，则说明线路断路，需要更换线束	

典型工作环节（四）：检修系统部件			3.5 课时
检查	我已再次核对以上实施信息，确认无误		N□ Y□
评价	自评：	组评：	师评：

典型工作环节（五）：复检验收车辆			0.5 课时

资讯	1. 工作任务完成后，应检查整车上电状态、仪表状态并记录，读取_____，查看充电系统数据流是否正常。 2. 打开充电口盖，连接充电枪，检查充电指示灯，指示灯颜色为_____则正常充电。
计划决策	1. 复检的内容有哪些？（小组内商讨） 2. 复检的标准是什么？（小组内商讨） 3. 该任务与"充电系统外观检修"任务的复检验收有何差别？（小组内商讨）

实施	序号	工作步骤	完成情况
	①	复核工作环节	N□ Y□
	②	车辆标准上电	N□ Y□
	③	连接诊断仪，读取车辆故障码、数据流	N□ Y□
	④	打开充电口盖，连接充电枪，检查充电指示灯	N□ Y□
	⑤	整理清扫	N□ Y□

检查	我已再次核对以上实施信息，确认无误		N□ Y□
评价	自评：	组评：	师评：

项目三　电池管理系统的检修

学习任务一　高压绝缘故障诊断

情境描述： 一辆 2018 款的吉利帝豪 EV450 无法正常行驶，使用诊断仪进行故障诊断，确认为车辆高压绝缘故障，请你作为维修技师进行具体故障确认，并进行维修。

时长安排： 8 课时（360min）。

典型工作环节（一）：执行工作准备			2 课时

资讯	1. 实训开始前应做好_____防护、_____防护、设备和工具准备、记录车辆信息和_____防护。 2. 进入车内操作前，应先铺好_____。 3. 进行前机舱操作之前，应先铺设_____。 4. 在拔下高压线束之前需要先将点火开关转到_____档，并断开辅助蓄电池。
计划	1. 完成此工作环节需要哪些步骤？（小组内商讨） 2. 需要准备哪些设备与工具？（小组内商讨） 3. 完成此工作任务小组成员如何分工？（小组内商讨）

决策

1. 工作步骤填写

序号	工作步骤	具体事项	图示举例
①			
②			
③			

項目三 电池管理系统的检修 **41**

（续）

典型工作环节（一）：执行工作准备				2 课时

<table>
<tr><td rowspan="2">决策</td><td>序号</td><td>工作步骤</td><td colspan="2">具体事项</td><td>图示举例</td></tr>
<tr><td>④</td><td></td><td colspan="2"></td><td></td></tr>
<tr><td></td><td>⑤</td><td></td><td colspan="2"></td><td></td></tr>
</table>

2. 小组成员分工

安全组长	操作员 1	操作员 2	记录员	资料员

1. 执行场地防护

绝缘垫	警戒线	警示牌	灭火器
□已安置	□已安置	□已安置	□已安置

2. 执行人身防护

防护服	绝缘鞋	绝缘手套	绝缘头盔	护目镜
□已穿戴	□已穿戴	□已穿戴	□已穿戴	□已穿戴

3. 检查设备和工具

序号	设施设备名称	实际使用设备	数量	使用项目或用途	清点
①	吉利帝豪 EV450 整车		1 辆	实训车辆	□已清点
②	绝缘工具箱		1 个	调整或拆卸工具	□已清点
③	维修手册		1 本	查阅保养维修信息	□已清点
④	举升机		1 个	举升车辆	□已清点
⑤	万用表		1 个	高压验电	□已清点
⑥	故障诊断仪		1 个	读取数据流	□已清点
⑦	绝缘电阻测试仪		1 个	测量绝缘阻值	□已清点
⑧	接地电阻测试仪		1 个	电位均衡检测	□已清点
⑨	车轮挡块		4 对	限制车辆移动	□已清点
⑩	警戒线、警示牌		1 套	安全提示	□已清点
⑪	绝缘防护套装		1 套	保证操作人员安全	□已清点
⑫	绝缘胶带		1 个	包裹低压电池负极	□已清点

实施

（续）

典型工作环节（一）：执行工作准备	2 课时

实施

4.记录车辆信息

品牌	整车型号	生产日期
车辆识别代码	**工作电压**	**行驶里程**

5.执行车辆防护

☐外观检查　　　　　☐内饰检查　　　　　☐剩余电量

随车物品确认：☐随车工具　☐车辆备胎　☐警示装置　☐其他物品

检查结果：良好√　异常×

车外	轮胎挡块	前格栅布	两侧翼子板布
	☐已安置	☐已安置	☐已安置
车内	座椅防护套	转向盘与变速杆套	防护脚垫
	☐已安置	☐已安置	☐已安置

检查	我已再次核对以上实施信息，确认无误	N☐ Y☐

评价	自评：	组评：	师评：

典型工作环节（二）：检视系统部件	2 课时

资讯

1.电动汽车的高压安全防护措施有：_____、_____。

2.一般环境条件下允许持续接触的"安全特低电压"是_____。

3.当使用绝缘电阻测试仪时，应注意选择合适的量程，用完之后_____，防止损坏。

计划决策

1.怎样检视动力电池系统部件状态？流程是什么？标准是什么？（小组内商讨）

2.检视过程中有什么注意事项？（小组内商讨）

项目三 电池管理系统的检修 **43**

（续）

<table>
<tr><td colspan="5" align="center">典型工作环节（二）：检视系统部件</td><td colspan="2" align="center">2 课时</td></tr>
<tr><td rowspan="5" align="center">实施</td><td align="center">序号</td><td colspan="2" align="center">工作步骤</td><td align="center">具体事项</td><td colspan="2" align="center">完成情况</td></tr>
<tr><td align="center">①</td><td colspan="2" align="center">车辆标准下电</td><td align="center">高压下电 低压下电</td><td colspan="2" align="center">N□Y□</td></tr>
<tr><td align="center">②</td><td colspan="2" align="center">安全举升车辆</td><td></td><td colspan="2" align="center">N□Y□</td></tr>
<tr><td align="center">③</td><td colspan="2" align="center">检视高压插头</td><td></td><td colspan="2" align="center">N□Y□</td></tr>
<tr><td align="center">④</td><td colspan="2" align="center">检视高压部件</td><td></td><td colspan="2" align="center">N□Y□</td></tr>
<tr><td align="center">检查</td><td colspan="4">我已再次核对以上实施信息，确认无误</td><td colspan="2" align="center">N□Y□</td></tr>
<tr><td align="center">评价</td><td colspan="2">自评：</td><td colspan="2">组评：</td><td colspan="2">师评：</td></tr>
</table>

<table>
<tr><td colspan="5" align="center">典型工作环节（三）：检测系统部件</td><td colspan="2" align="center">2 课时</td></tr>
<tr><td align="center">资讯</td><td colspan="6">1. 动力电池系统的绝缘电阻测量，主要有两类方法：一类是_____，另一类是_____。
2. 绝缘电阻除以电池的额定电压至少应该大于_____。
3. 用万用表进行绝缘测试只能在_____的电路上进行。测试之前，确保测试电路或者电气设备已处于_____状态。
4. 用万用表电阻档测量高压母线屏蔽层与车身电阻，应小于_____。
5. 用绝缘电阻测试仪测量动力电池高压线束插接器与车身接地之间的电阻，应大于或等于_____。</td></tr>
<tr><td align="center">计划
决策</td><td colspan="6">1. 怎样检测动力电池系统部件状态？流程是什么？标准是什么？（小组内商讨）
2. 检测过程中有什么注意事项？（小组内商讨）</td></tr>
<tr><td rowspan="10" align="center">实施</td><td align="center">序号</td><td colspan="2" align="center">工作步骤</td><td align="center">具体事项</td><td colspan="2" align="center">完成情况</td></tr>
<tr><td align="center">①</td><td colspan="2" align="center">确认车辆故障现象</td><td></td><td colspan="2" align="center">N□Y□</td></tr>
<tr><td align="center">②</td><td colspan="2" align="center">读取故障信息</td><td></td><td colspan="2" align="center">N□Y□</td></tr>
<tr><td align="center">③</td><td colspan="2" align="center">查阅维修手册</td><td align="center">翻阅目录查找电路图</td><td colspan="2" align="center">N□Y□</td></tr>
<tr><td align="center">④</td><td colspan="2" align="center">车辆标准下电</td><td></td><td colspan="2" align="center">N□Y□</td></tr>
<tr><td align="center">⑤</td><td colspan="2" align="center">切断高压回路</td><td></td><td colspan="2" align="center">N□Y□</td></tr>
<tr><td align="center">⑥</td><td colspan="2" align="center">检测动力电池供电线路绝缘阻值</td><td align="center">数值：</td><td colspan="2" align="center">N□Y□</td></tr>
<tr><td align="center">⑦</td><td colspan="2" align="center">检测动力电池充电线路绝缘阻值</td><td align="center">数值：</td><td colspan="2" align="center">N□Y□</td></tr>
<tr><td align="center">⑧</td><td colspan="2" align="center">导通性检测</td><td align="center">数值：</td><td colspan="2" align="center">N□Y□</td></tr>
<tr><td align="center">⑨</td><td colspan="2" align="center">测量高压母线屏蔽层接地情况</td><td align="center">数值：</td><td colspan="2" align="center">N□Y□</td></tr>
</table>

（续）

典型工作环节（三）：检测系统部件		2 课时
检查	我已再次核对以上实施信息，确认无误	N □ Y □
评价	自评：	组评：	师评：

典型工作环节（四）：检修系统部件		1 课时
资讯	1. 检视动力电池_____线路和_____线路的相关高压线束，若存在断裂、老化，则需要更换。 2. 若相关的高压部件损坏，可以进行维修或_____。	
计划决策	经过检视与检查工作后，发现线束接头有裂痕，请思考如何检修？（小组内商讨）	

实施	序号	工作步骤	完成情况
	①	去除高压母线绝缘胶布	N □ Y □
	②	将所有元器件及连接线复位	N □ Y □

检查	我已再次核对以上实施信息，确认无误	N □ Y □
评价	自评：	组评：	师评：

典型工作环节（五）：复检验收车辆		1 课时
资讯	1. 高压上电时，_____连接充电机端插件，_____插头垂直对准插座轻按，然后使把手卡口卡到位或听到轻微"咔嚓"声；连接蓄电池负极电缆并紧固。 2. 复检验收时，需要拆卸_____和格栅布，拆卸车内_____，移除警示标识，并恢复场地。	
计划决策	1. 复检的内容有哪些？（小组内商讨） 2. 复检的标准是什么？（小组内商讨）	

项目三 电池管理系统的检修 **45**

（续）

典型工作环节（五）：复检验收车辆			1 课时

	序号	工作步骤	完成情况
实施	①	复核工作环节	N□ Y□
	②	安全降落车辆	N□ Y□
	③	车辆标准上电	N□ Y□
	④	检查启动车辆	N□ Y□
	⑤	整理清扫	N□ Y□
检查	我已再次核对以上实施信息，确认无误		N□ Y□
评价	自评：	组评：	师评：

学习任务二　高压互锁故障诊断

情境描述： 一辆 2018 款的吉利帝豪 EV450 已行驶 2 万 km，客户反映汽车在行驶过程中突然无法加速，行驶速度减慢，高压系统故障灯点亮。使用诊断仪读取故障码，报高压互锁故障，高压互锁是电动汽车安全行驶的保证。因此，现需对高压互锁故障进行诊断，明确故障点并进行排除。请你作为维修技师完成此项任务，并将实训工单填写完毕。

时长安排： 8 课时（360min）。

典型工作环节（一）：执行工作准备	2 课时
资讯	1. 绝缘工具是采用绝缘材料进行加工并适用于电气系统拆装等操作的工具。作业前，需要对动力电池维修工具进行检查，保证其_____、无破洞和裂纹，_____、干燥，不能进行_____操作，以确保安全。 　　2. 检查作业现场是否配备灭火器或其他灭火器材，以及灭火器和灭火器箱的形式、外观、结构部件、_____、规格、材料、制造商名称、_____与检验报告是否一致；检查作业环境是否符合防火要求。 　　3. 检查绝缘头盔有无_____，有无明显_____，下颚带是否完好、牢固。

（续）

典型工作环节（一）：执行工作准备		2 课时

计划

1. 完成此工作环节需要哪些步骤？（小组内商讨）
2. 需要准备哪些设备与工具？（小组内商讨）
3. 完成此工作任务小组成员如何分工？（小组内商讨）

决策

1. 工作步骤填写

序号	工作步骤	具体事项	图示举例
①			
②			
③			
④			
⑤			

2. 小组成员分工

安全组长	操作员 1	操作员 2	记录员	资料员

实施

1. 执行场地防护

绝缘垫	警戒线	警示牌	灭火器
□已安置	□已安置	□已安置	□已安置

2. 执行人身防护

防护服	绝缘鞋	绝缘手套	绝缘头盔	护目镜
□已穿戴	□已穿戴	□已穿戴	□已穿戴	□已穿戴

（续）

典型工作环节（一）：执行工作准备	2 课时

实施

3. 检查设备和工具

序号	设施设备名称	实际使用设备	数量	使用项目或用途	清点
①	吉利帝豪 EV450 整车		1 辆	实训车辆	□已清点
②	绝缘工具箱		1 个	调整或拆卸工具	□已清点
③	维修手册		1 本	查阅保养维修信息	□已清点
④	故障诊断仪		1 个	读取数据流	□已清点
⑤	绝缘电阻测试仪		1 个	测量绝缘阻值	□已清点
⑥	万用表		1 个	高压验电	□已清点
⑦	接地电阻测试仪		1 个	电位均衡检测	□已清点
⑧	车轮挡块		4 对	限制车辆移动	□已清点
⑨	绝缘防护套装		1 套	保证操作人员安全	□已清点
⑩	绝缘胶带		1 个	包裹低压电池负极	□已清点
⑪	水管堵头		2 个	堵住水管	□已清点

4. 记录车辆信息

品牌	整车型号	生产日期

车辆识别代码	工作电压	行驶里程

5. 执行车辆防护

□外观检查　　　　　□内饰检查　　　　　□剩余电量

随车物品确认：□随车工具　□车辆备胎　□警示装置　□其他物品
检查结果：良好√　异常 ×

车外	轮胎挡块	前格栅布	两侧翼子板布
	□已安置	□已安置	□已安置
车内	座椅防护套	转向盘与变速杆套	防护脚垫
	□已安置	□已安置	□已安置

（续）

典型工作环节（一）：执行工作准备	2 课时

检查	我已再次核对以上实施信息，确认无误	N□ Y□

评价	自评：	组评：	师评：

典型工作环节（二）：检视系统部件	2 课时

<table>
<tr><td rowspan="1">资讯</td><td>

1.高压互锁即_____，是指通过使用_____，来检查整个高压产品、导线、插接器及护盖的电气完整性（连续性），识别到回路异常断开时，及时断开高压电。

2.高压互锁分为结构互锁和功能互锁，其作用表现在如下三个方面：在车辆上电前发挥作用，在碰撞断电中发挥作用以及_____。

3.所有与动力电池相连的高压部件，其内部都有一个高压互锁插接器。该高压互锁插接器集成在电缆中或_____中，各部件的互锁回路串联连接。

4.高压互锁有两个方面需要考虑，一是_____要能全面检测整个高压系统每个连接处的连接状态，二是实现低压检测回路的信息_____于高压回路断开的动作。在高压断开状态，低压回路被切断；在高压连接状态，低压回路被短接从而形成完整的低压回路并保持必要的提前量。

5.高压互锁回路一般由电池管理器、_____、高压电控总成、PTC 模块等组成。

6.请写出下列部件的名称。 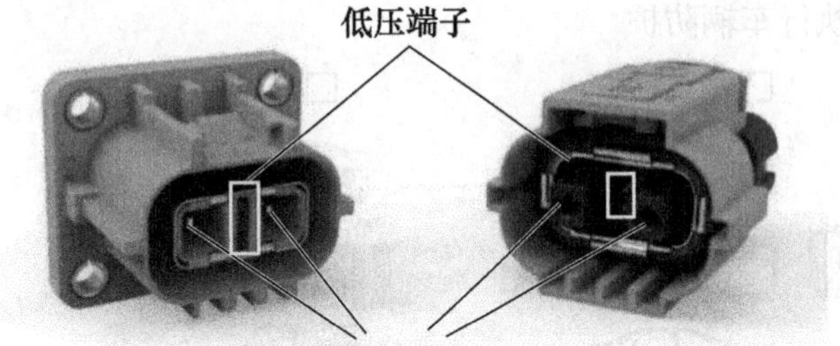

低压端子

高压端子

7.高压互锁系统在识别到危险时，整个控制器应根据危险时的行车状态及故障危险程度运用合理的安全策略，这些策略包括_____、_____、_____。

8.戴上绝缘手套，拔下_____，检查高压接头是否有松动、高压部件是否有损坏、高压互锁回路是否完整无断裂。

</td></tr>
</table>

计划决策	1.怎样检视高压部件状态？流程是什么？标准是什么？（小组内商讨） 2.检视过程中有什么注意事项？（小组内商讨）

（续）

典型工作环节（二）：检视系统部件			2 课时

<table>
<tr><td rowspan="7">实施</td><td>序号</td><td>工作步骤</td><td>具体事项</td><td>完成情况</td></tr>
<tr><td>①</td><td>车辆标准下电</td><td>高压下电、低压下电</td><td>N□ Y□</td></tr>
<tr><td>②</td><td>检查高压部件</td><td>VUC：   PTC：
空调压缩机：车载充电机：
电机控制器：</td><td>N□ Y□</td></tr>
<tr><td rowspan="4">③</td><td rowspan="4">检查高压互锁回路</td><td>检视高压互锁线束</td><td>N□ Y□</td></tr>
<tr><td>检视高压互锁接头</td><td>N□ Y□</td></tr>
<tr><td>检视高压互锁线束插接件</td><td>N□ Y□</td></tr>
<tr><td>检视高压互锁线束的固定螺栓</td><td>N□ Y□</td></tr>
<tr><td>④</td><td>清洁灰尘杂物</td><td></td><td>N□ Y□</td></tr>
</table>

检查	我已再次核对以上实施信息，确认无误	N□ Y□

评价	自评：	组评：	师评：

典型工作环节（三）：检测系统部件			2 课时

资讯

1.连接诊断仪，读取故障码。故障码为：_____。

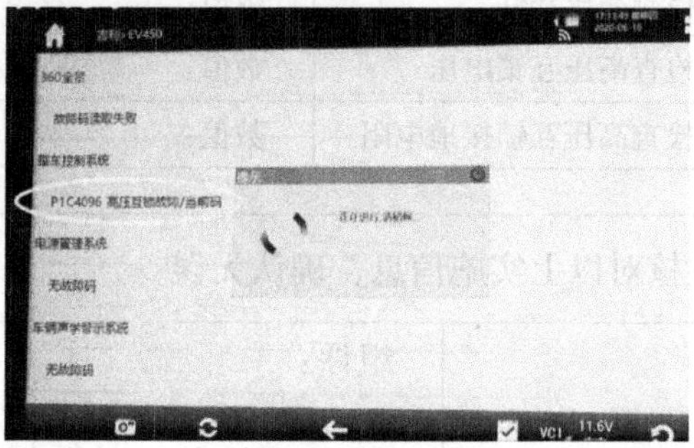

2.根据高压互锁电路图，找到需断开的相关高压插接器：CA66、CA67、BV11、_____、BV08、_____。

3.用万用表电阻档判断 VCU 插接器与_____插接器之间的高压互锁线路。

4.线路断路状况判断标准电阻：<1Ω；线路短路状况判断标准电阻：_____。

5.用万用表电阻档判断电机控制器插接器与_____之间的高压互锁线路。

电动汽车电池及管理系统保养与检修实训工单

（续）

典型工作环节（三）：检测系统部件	2 课时

资讯	6.用万用表电阻档判断车载充电机与_____之间的高压互锁线路。 7.用万用表电阻档判断空调压缩机插接器与_____插连接器之间的高压互锁线路。 8.用万用表电阻档判断_____与 VCU 插接器之间的高压互锁线路。 9.用万用表电压档测量 VCU 线束插接器 CA66 端子 12、50 对车身接地的电压。电压标准值：_____。 10.用万用表电阻档测量 VCU 线束插接器 CA66 端子 1、2、26、54 与车身接地之间的电阻值；电阻标准值：_____。
计划决策	1.怎样进行高压互锁故障诊断？流程是什么？标准是什么？（小组内商讨） 2.检测过程中有什么注意事项？（小组内商讨）

序号	工作步骤	具体事项	完成情况
①	确认车辆故障现象	记录仪表状态	N□Y□
②	读取故障信息	读取故障码	N□Y□
③	查阅维修手册	识读电路图	N□Y□
④	车辆标准下电	进行车辆标准下电	N□Y□
⑤	检测高压互锁线路	数值：	N□Y□
⑥	检测高压部件	数值：	N□Y□
⑦	检查高压互锁电压	数值：	N□Y□
⑧	检查高压互锁接地电阻	数值：	N□Y□

检查	我已再次核对以上实施信息，确认无误	N□Y□

评价	自评：	组评：	师评：

典型工作环节（四）：检修系统部件	1 课时

资讯	1.检视高压互锁的相关线路，若存在断裂、老化，则需要_____。 2.若相关的高压部件损坏，可以进行维修或_____。
计划决策	经过检视与检查工作后，发现线束接头有裂痕，请思考如何检修？（小组内商讨）

项目三 电池管理系统的检修 **51**

（续）

典型工作环节（四）：检修系统部件			1 课时

	序号	工作步骤	完成情况
实施	①	判断故障部位	N□Y□
	②	拆卸相关部件	N□Y□
	③	检测判断问题	N□Y□
	④	维修更换部件	N□Y□
	⑤	复核检验部件	N□Y□

检查	我已再次核对以上实施信息，确认无误	N□Y□

评价	自评：	组评：	师评：

典型工作环节（五）：复检验收车辆			1 课时

资讯

1. 复核工作环节主要包括对执行工作准备、检视系统部件、_____、检修系统部件四个典型工作环节的核查。

2. 去除蓄电池_____电缆上包裹的绝缘胶带，连接断开的插接器，连接蓄电池负极端。检查整车上电状态、仪表状态。

3. 高压上电时，_____连接充电机端插件，_____插头垂直对准插座轻按，然后使把手卡口卡到位或听到轻微"咔嚓"声；连接蓄电池负极电缆并紧固。

4. 检查时启动车辆主要是为了工作任务执行完毕后，达到检查车辆是否能够_____的目的。

5. 进行整理清扫工作，包括_____、清洁校准存放操作、执行防护物品存放操作、工位清扫工作。

计划决策	1. 复检的内容有哪些？（小组内商讨） 2. 复检的标准是什么？（小组内商讨）

	序号	工作步骤	完成情况
实施	①	复核工作环节	N□Y□
	②	车辆标准上电	N□Y□
	③	检查启动车辆	N□Y□
	④	整理清扫	N□Y□

检查	我已再次核对以上实施信息，确认无误	N□Y□

评价	自评：	组评：	师评：

52 电动汽车电池及管理系统保养与检修实训工单

学习任务三　电池管理系统电源故障诊断

　　情境描述：一辆 2018 款的吉利帝豪 EV450 已行驶 2 万 km，客户反映汽车无法上电。使用诊断仪读取故障码，报电池管理系统电源故障。因此，需对电源故障进行诊断，明确故障点并进行排除。请你作为维修技师完成此项任务，并将实训工单填写完毕。

　　时长安排：8 课时（360min）。

典型工作环节（一）：执行工作准备	1 课时

<table>
<tr>
<td rowspan="5">资讯</td>
<td>

1. 请写出下列物品名称。

液晶显示屏——
背光/数据保持——
遇断蜂鸣指示灯——
功能量程旋钮——
200mA 电流测试插座——
20A 电流测试插座——

晶体管测试插座——
电容20mF，
20mF=20000μF——
电压电阻等插座——
公共端插座——

20MΩ　Ω　200kΩ　CE　20kΩ　2kΩ　200Ω

　　2. 汽车万用表能够测量电阻、电压、电流、频率、温度等参数值，本次任务涉及电阻档和_____的使用，也是汽车万用表最常用的两种功能。

　　3. 绝缘工具是采用绝缘材料进行加工并适用于电气系统拆装等操作的工具。作业前，需要对动力电池维修工具进行检查，保证其_____、无破洞和裂纹，_____、干燥，不能进行_____操作，以确保安全。

　　4. 检查作业现场是否配备灭火器或其他灭火器材，以及灭火器和灭火器箱的形式、外观、结构部件、_____、规格、材料、制造商名称、_____与检验报告是否一致；检查作业环境是否符合防火要求。

　　5. 检查绝缘头盔有无_____，有无明显_____，下颚带是否完好、牢固。

</td>
</tr>
</table>

	1. 完成此工作环节需要哪些步骤？（小组内商讨）
计划	2. 需要准备哪些设备与工具？（小组内商讨）
	3. 完成此工作任务小组成员如何分工？（小组内商讨）

<table>
<tr>
<td rowspan="3">决策</td>
<td colspan="4">1. 工作步骤填写</td>
</tr>
<tr>
<td>序号</td>
<td>工作步骤</td>
<td>具体事项</td>
<td>图示举例</td>
</tr>
</table>

序号	工作步骤	具体事项	图示举例
①			
②			

項 目 三 电池管理系统的检修 **53**

（续）

典型工作环节（一）：执行工作准备				1 课时

<table>
<tr><td rowspan="4">决策</td><td colspan="4">

序号	工作步骤	具体事项	图示举例
③			
④			
⑤			

</td></tr>
</table>

2. 小组成员分工

安全组长	操作员 1	操作员 2	记录员	资料员

1. 执行场地防护

绝缘垫	警戒线	警示牌	灭火器
□已安置	□已安置	□已安置	□已安置

2. 执行人身防护

防护服	绝缘鞋	绝缘手套	绝缘头盔	护目镜
□已穿戴	□已穿戴	□已穿戴	□已穿戴	□已穿戴

3. 检查设备和工具

序号	设施设备名称	实际使用设备	数量	使用项目或用途	清点
①	吉利帝豪 EV450 整车		1 辆	实训车辆	□已清点
②	绝缘工具箱		1 个	调整或拆卸工具	□已清点
③	维修手册		1 本	查阅保养维修信息	□已清点
④	故障诊断仪		1 个	读取数据流	□已清点
⑤	绝缘电阻测试仪		1 个	测量绝缘阻值	□已清点
⑥	万用表		1 个	高压验电	□已清点
⑦	接地电阻测试仪		1 个	电位均衡检测	□已清点

（实施）

（续）

典型工作环节（一）：执行工作准备					1 课时

<table>
<tr><td>序号</td><td>设施设备名称</td><td>实际使用设备</td><td>数量</td><td>使用项目或用途</td><td>清点</td></tr>
<tr><td>⑧</td><td>车轮挡块</td><td></td><td>4 对</td><td>限制车辆移动</td><td>□已清点</td></tr>
<tr><td>⑨</td><td>绝缘防护套装</td><td></td><td>1 套</td><td>保证操作人员安全</td><td>□已清点</td></tr>
<tr><td>⑩</td><td>绝缘胶带</td><td></td><td>1 个</td><td>包裹低压电池负极</td><td>□已清点</td></tr>
<tr><td>⑪</td><td>水管堵头</td><td></td><td>2 个</td><td>堵住水管</td><td>□已清点</td></tr>
<tr><td>⑫</td><td>举升机</td><td></td><td>1 台</td><td>举升车辆</td><td>□已清点</td></tr>
</table>

4. 记录车辆信息

品牌	整车型号	生产日期
车辆识别代码	**工作电压**	**行驶里程**

实施

5. 执行车辆防护

□外观检查　　　　□内饰检查　　　　□剩余电量

随车物品确认：□随车工具　□车辆备胎　□警示装置　□其他物品
检查结果：良好√　异常 ×

车外	轮胎挡块	前格栅布	两侧翼子板布
	□已安置	□已安置	□已安置
车内	座椅防护套	转向盘与变速杆套	防护脚垫
	□已安置	□已安置	□已安置

检查	我已再次核对以上实施信息，确认无误	N□ Y□

评价	自评：	组评：	师评：

典型工作环节（二）：检视系统部件	1 课时

资讯

1.电池管理系统（BMS）是一种能够对动力电池进行_____的电子装置，通过对电压、电流、温度等参数的采集、计算，实现对电池的控制，提升电池的综合性能。

2.目前绝大多数电动车型的电池管理系统被安装于_____。电池管理系统上有多个接口，用于控制多个电池模组。

3.BMS 的主要功能包括数据采集、状态计算、安全保护、充电控制、能量控制管理、均衡管理、_____以及_____等。

4.BMS 一般由 CSC 模块（从控模块）、_____、高压配电盒、电流传感器和热管理系统五个部分组成。

5.单体电池监测电路（Cell Supervising Circuit，CSC）一般做成一个专用的集成数据采集模块，负责对动力电池模组各单体电池电压、_____和采样线进行监测。

6.控制单元（Battery Management Unit，BMU；Battery Management Controller，BMC）是电池管理系统（BMS）的"大脑"通常集成有动力电池总电压检测、_____，负责收集 CSC 模块、总电压、总电流、动力电池绝缘监测的数据。

7.高压配电盒主要包括主正继电器、主负继电器、预充继电器、预充电阻、熔断器等，有些车型还包括_____。

8.识别下列元器件。

9.按主控模块和从控模块拓扑结构不同，BMS 可分为集中式和_____。集中式也叫一体式。集中式 BMS 将主控模块、从控模块组成一个整体，通过导线接至电池上。下图所示为_____。

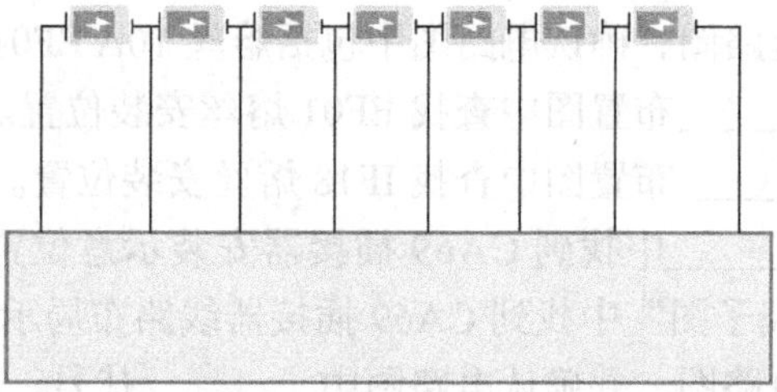

56 电动汽车电池及管理系统保养与检修实训工单

（续）

典型工作环节（二）：检视系统部件			1 课时

资讯	10. 分布式 BMS 由多个从控模块、主控模块、高压控制单元等部件构成。一个从控模块对应_____动力电池模组，负责对该模组单体电池电压、温度的采集及均衡管理和故障诊断。
计划决策	1. 怎样检视电池管理系统部件状态？流程是什么？标准是什么？（小组内商讨） 2. 检视过程中有什么注意事项？（小组内商讨）

	序号	工作步骤	具体事项	完成情况
实施	①	车辆标准下电	高压下电	N□Y□
			低压下电	N□Y□
	②	安全举升车辆	举升车辆至合适位置	N□Y□
	③	检查部件外观	检视高压接头	N□Y□
			检视从控模块	N□Y□
			检视主控模块	N□Y□
			检视高压配电盒	N□Y□
			检视电流传感器	N□Y□
	④	清洁灰尘杂物	检视灰尘杂物，使用气枪抹布清洁	N□Y□

检查	我已再次核对以上实施信息，确认无误	N□Y□

评价	自评：	组评：	师评：

典型工作环节（三）：检测系统部件			2 课时

资讯	1. 根据客户反映，启动车辆，确认车辆存在的故障现象为_____。 2. 连接诊断仪，读取故障码。BMS 电源故障码为：U3006-16、U3006-17、_____。 3. 查看电路图，确认电路图中包括熔丝 10A EF01。 4. 在_____布置图中查找 EF01 熔丝安装位置。 5. 在_____布置图中查找 IF18 熔丝安装位置。 6. 在_____中找到 CA69 插接器安装示意位置。进一步在"前机舱线束连接器端子图"中找到 CA69 插接器线路布局示意图。 7. 查看电路图，并确认电路图中_____代号。

典型工作环节（三）：检测系统部件	2 课时

资讯	8. 在"前机舱线束接地点布置图"中找到_____安装示意位置。 9. 用万用表_____测量蓄电池电压。 10. 用万用表_____检查熔丝 EF01 和 IF18 是否熔断。 11. 如果 EF01 或 IF18 熔丝熔断，需检测 EF01 至 CA69/1 或_____线路是否存在短路。 12. 操作举升机，将车辆举升至合适高度，断开 BMS 模块线束插接器 CA69。连接蓄电池_____，将点火开关置于 ON 状态，测量 BMS 模块线束插接器 CA69 端子 1、7 对车身接地的电压。 13. 将点火开关置于 OFF 档，测量 BMS 模块线束插接器 CA69 端子 2 与_____之间的电阻值。
计划 决策	1. 怎样进行电池管理系统电源故障诊断？方法是什么？标准是什么？（小组内商讨） 2. 检测过程中有什么注意事项？（小组内商讨）

	序号	工作步骤	具体事项	完成情况
实施	①	确认车辆故障现象	记录仪表状态	N□ Y□
	②	读取故障信息	读取故障码：	N□ Y□
	③	查阅电池管理系统电源电路图	识读电路图	N□ Y□
	④	查找电池管理系统电源熔丝安装位置	识读电路图	N□ Y□
	⑤	查找 BMS 线束插接器信息	识读电路图	N□ Y□
	⑥	查找 BMS 模块搭铁点位置	识读电路图	N□ Y□
	⑦	车辆标准下电	进行车辆标准下电	N□ Y□
	⑧	检测蓄电池	用万用表直流电压档测量蓄电池电压	N□ Y□
	⑨	检查 BMS 模块熔丝 EF01 和 IF18	利用万用表电阻档检查熔丝 EF01 和 IF18 是否熔断	N□ Y□
	⑩	检查 BMS 模块线束插接器（端子电压）	用万用表直流电压档测量端子电压	N□ Y□
	⑪	检查 BMS 模块线束插接器（接地端子导通性）	用万用表电阻档测量 CA69 端子 2 与车身接地之间的电阻值	N□ Y□

（续）

典型工作环节（三）：检测系统部件		2 课时
检查	我已再次核对以上实施信息，确认无误	N□ Y□
评价	自评：　　　　　　　组评：　　　　　　　师评：	

典型工作环节（四）：检修系统部件	3.5 课时

资讯

1.BMS 作为一个电子装置，需要提供_____才能正常工作。

2. 熔丝俗称_____，当电路中电流异常并超过熔丝额定电流时发生熔断，保护电路和电子设备。

3. 写出下图所示熔丝的结构。

4. 当额定电流过大时一般会采用_____熔丝，该类型熔丝一般都为黑色，额定电流以文字标示，不以颜色区分，如下图所示。

计划决策

经过检视与检查工作后，发现熔丝有问题，请思考如何检修？（小组内商讨）

实施

序号	工作步骤	完成情况
①	判断故障部位	N□ Y□
②	拆卸相关部件	N□ Y□
③	检测判断问题	N□ Y□
④	维修更换部件	N□ Y□
⑤	复核检验部件	N□ Y□

典型工作环节（四）：检修系统部件		3.5 课时
检查	我已再次核对以上实施信息，确认无误	N□ Y□
评价	自评： 组评：	师评：

典型工作环节（五）：复检验收车辆		0.5 课时

资讯	1. 连接各断开的插接器，连接蓄电池负极端，按照与_____相反的顺序将所有元器件及连接线复位。 2. 工作任务完成后，应检查整车上电状态、仪表状态并记录，读取_____，查看动力电池数据流是否正常。
计划决策	1. 复检的内容有哪些？（小组内商讨） 2. 复检的标准是什么？（小组内商讨）

实施	序号	工作步骤	完成情况
	①		N□ Y□
	②		N□ Y□
	③		N□ Y□
	④		N□ Y□
	⑤		N□ Y□

检查	我已再次核对以上实施信息，确认无误	N□ Y□
评价	自评： 组评：	师评：

位于接触器下游的高压系统部件将没有高压电。

4.BMS

BMS：电池管理系统（Battery Management System，BMS）可以看作电池的"大脑"。主要由 CMU 和 BMU 组成。

CMU：单体监控单元（Cell Monitor Unit，CMU）负责测量电池的电压、电流和温度等参数，同时还有均衡等功能。当 CMU 测量到这些数据后，将数据通过前面讲到的电池"神经网络"传送给 BMU。

BMU：电池管理单元（Battery Management Unit，BMU）负责评估 CMU 传送的数据，如果数据异常，则对电池进行保护，发出降低电流的要求，或者切断充放电通路，以避免电池超出许可的使用条件，同时还对电池的电量、温度进行管理。根据先前设计的控制策略，BMU 判断需要警示的参数和状态，并且将警示发给整车控制器，最终传给驾驶人。

二、动力电池的关键参数

1. 电压

对于动力电池而言，电压可分为工作电压、额定电压（平台电压）和充电／终止电压。

工作电压：电池在一定负载条件下实际的放电电压，如铅酸电池的工作电压为 1.8~2V，镍氢电池的工作电压为 1.1~1.5V，锂离子电池的工作电压为 2.75~3.6V。

额定电压：电池长时间工作时的适用电压，如镍镉电池的额定电压为 1.2V，铅酸电池的额定电压为 2V。

充电电压：外电路直流电压对电池充电的电压。一般充电电压要大于开路电压，如镍镉电池的充电电压为 1.45~1.5V，锂离子电池的充电电压为 4.1~4.2V，铅酸电池的充电电压为 2.25~2.7V。

终止电压：放电终止时的电压值，通常与负载、使用要求有关。

2. 容量

容量是指在充电以后，在一定放电条件下所能释放出的电量，其单位为（A·h），容量与放电电流大小和充放电截止电压有关。一般应用额定容量和实际容量。

额定容量：是指设计与制造电池时，按照国家或相关部门颁布的标准，保证电池在一定的放电条件下能够放出的最低限度的电量。

实际容量：是指电池在一定的放电条件下实际放出的电量。它等于放电电流与放电时间的乘积。

值得注意的是，实际电池中正负极容量不等，多为负极容量过剩。

3. 内阻

电池的内阻是指电池在工作时，电流流过电池内部所受到的阻力，欧姆内阻主要由电极材料、电解液、隔膜电阻及各部分零件的接触电阻组成，与电池的尺寸、结构、装配等有关。

4. 功率和输出功率

电池的功率是指电池在一定的放电条件下，单位时间内输出的能量，单位为 kW。

标称功率也叫标称输出功率，是指在用电设备正常使用的前提下，能够长时间工作输出功率的最大值。

5. SOC

SOC 指荷电状态，是指剩余电量与额定容量或实际容量的比例。这一参数是在电动汽车使用中十分关键却不易获取的数据。

6. SOH

电池 SOH 表征当前电池相对于新电池存储电能的能力，以百分比的形式表示电池从寿命开始到寿命结束期间所处的状态，用来定量描述当前电池的性能状态。国内外对 SOH 有多种定义，概念上缺乏统一，目前 SOH 的定义主要体现在容量、电量、内阻、循环次数和峰值功率等几个方面。

动力电池拆装与检修

技能链接

对于纯电动汽车来说，动力电池就是整台车的"心脏"，电池的好坏直接决定了动力输出的情况和续驶里程的长短，但由于时间的推移、人为的操作不当或电池的自身因素，电池可能会出现故障，所以拆装与更换动力电池并非罕见的情况。正常使用情况下，铅酸电池更换周期一般为 2~3 年，循环使用 500~600 次后需要更换；磷酸铁锂电池使用寿命为 7~8 年，循环使用 4500 次左右需要更换。因此，动力电池出现异常现象或达到一定的充放电次数后，需要对其进行拆装和更换。

刀片电池是比亚迪自主研发的新型磷酸铁锂电池。刀片电池的性能与 811 三元锂电池相当，但成本低于三元锂电池。相比于三元锂电池，刀片电池具有安全性高、循环寿命长、成本低的特点，能量密度可达 180W·h/kg，大大提高了车辆的整体续驶能力。

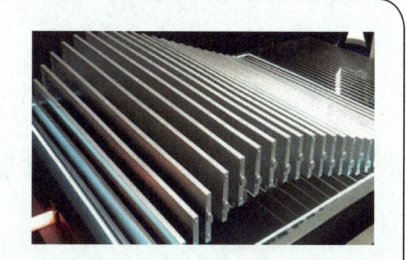

一、执行工作准备

1）执行场地防护。
- 设置警戒带和高压电警示牌。
- 检查灭火器。
- 检查绝缘垫。
- 安装车轮挡块。

2）执行人身防护。
- 穿戴绝缘服。
- 穿戴绝缘鞋。
- 穿戴绝缘手套。
- 佩戴绝缘头盔。
- 穿戴护目镜。

3）检查设备和工具。

除需准备吉利帝豪 EV450 维修手册、举升机、万用表、诊断仪等，还需准备电池举升机，用于举升动力电池，如图 1-97 所示。

图 1-97　电池举升机

4）记录车辆信息。

5）执行车辆防护。

- 安装车辆绝缘翼子板布和格栅垫。
- 安装车内四件套。

二、检视系统部件

1）车辆标准下电。

2）安全举升车辆。

3）排放冷却液。将动力电池冷却液加注口密封盖打开，以便动力电池冷却液可以顺利排出；将接油盆放在动力电池冷却水管下方，拆卸动力电池冷却水管后放出冷却液。

4）拆卸动力电池下护板。使用气动工具、套筒拆卸动力电池下护板固定螺栓，取下动力电池下护板，如图1-98所示。

5）断开高低压线束和插接件。松开动力电池低压控制线束插头固定器，拔出动力电池低压控制线束，并放置在合适位置；戴上绝缘手套，松开动力电池正负母线插头保险，拔下插头，并放置在合适位置。要迅速为已断开的动力电池线束插接器套上绝缘防护袋，如图1-99所示。

图 1-98　拆卸动力电池下护板

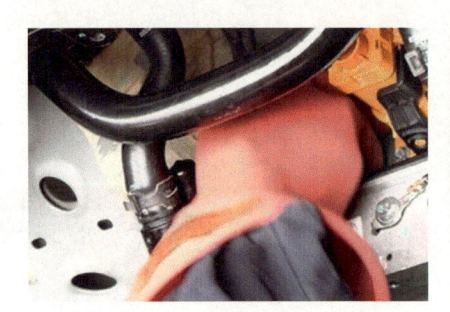

图 1-99　断开高低压线束和插接件

三、检测系统部件

1. 测量动力电池漏电电压（图 1-100）

将绝缘电阻测试仪正极测试端连接动力电池正极端子，负极测试端连接电池外壳搭铁点，调节绝缘电阻测试仪至1000V测试电压模式，进行绝缘测试，并记录绝缘电阻测试仪测量数据值。

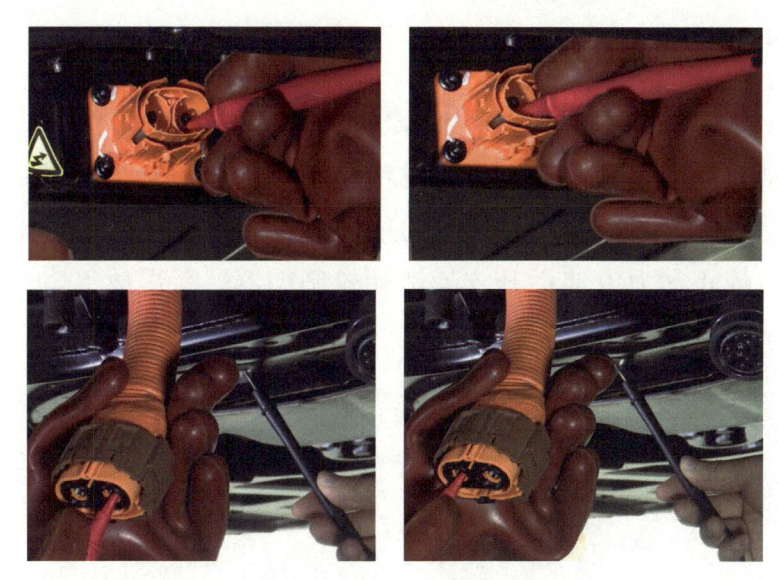

图 1-100 绝缘测试

将绝缘电阻测试仪正极测试端连接动力电池负极端子，负极测试端连接电池外壳搭铁点，调节绝缘电阻测试仪至 1000V 测试电压模式，进行绝缘测试，并记录绝缘电阻测试仪测量数据值。

将绝缘电阻测试仪正极测试端连接动力电池母线正极端子，负极测试端连接车身搭铁点，调节绝缘电阻测试仪至 1000V 测试电压模式，进行绝缘测试，并记录绝缘电阻测试仪测量数据值。

将绝缘电阻测试仪正极测试端连接动力电池母线负极端子，负极测试端连接车身搭铁点，调节绝缘电阻测试仪至 1000V 测试电压模式，进行绝缘测试，并记录绝缘电阻测试仪测量数据值。

2. 进行动力电池正负极母线放电

使用放电仪对动力电池正负极母线进行放电，选用万用表电压档检测动力电池正负极母线有无电压，如图 1-101 所示。

图 1-101 进行动力电池正负极母线放电

四、检修系统部件

1)拆卸动力电池。将电池举升机推入车辆底部、动力电池正下方;将高压气管接到动力电池举升机上,举升电池举升机至其举升垫块接触动力电池底部;使用气动工具、套筒依次拆卸动力电池底板固定螺栓;打开电池举升机的安全锁止阀,锁止动力电池举升支架滑动轮制动器,缓慢放下电池举升机,如图 1-102 所示。

图 1-102 拆卸动力电池

2)安装动力电池。缓慢举升电池举升机,确保举升过程中动力电池顶部与车辆其他零部件无干涉;将动力电池安装定位销与车身底盘定位孔对准,再次举升电池举升机至动力电池边缘与车身贴合;用手旋入动力电池固定螺栓,使用气动工具、套筒依次预紧动力电池固定螺栓,使用扭力扳手按照标准力矩紧固动力电池固定螺栓;缓慢放下电池举升机,如图 1-103 所示。

图 1-103 安装动力电池

3)连接高低压线束和插接件。戴上绝缘手套,安装动力电池正负极母线,并锁紧插头固定装置;按标志安装动力电池低压控制线,并锁紧插头固定装置,如图 1-104 所示。

4)安全降落车辆。

5)静态加注冷却液。

6)系统排气。

图 1-104　连接高低压线束和插接件

7）检查冷却液液位。

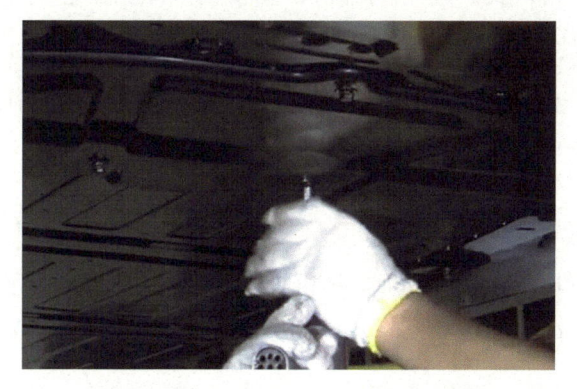

8）安全举升车辆。

9）安装动力电池下护板。安装动力电池下护板，并用手旋紧动力电池下护板固定螺栓，使用气动工具、套筒紧固动力电池下护板固定螺栓，如图 1-105 所示。

图 1-105　安装动力电池下护板

10）安全降落车辆。

11）车辆标准上电。

五、复检验收车辆

1）竣工检验。

2）整理清扫。

素养养成

- 执行工作准备阶段

在执行工作准备阶段，认真学习检查设备和工具、执行场地防护、执行车辆防护、执行人身防护、记录车辆信息五个工作环节的具体要求，能够处理在执行动力电池拆装与检修过程中遇到的困难，自主冷静思考，养成分析问题和解决问题的能力。

- 检视系统部件阶段

在检视系统部件阶段，理解掌握车辆标准下电、安全举升车辆、排放冷却液、拆卸动力电池下护板、断开高低压线束和插接件五个工作环节的具体要求，此项任务工作量小但责任重大，需要进行全面的检视，切忌遗忘部位，所以在执行任务的过程中需要严于律己、注重团队配合，养成团队协作、爱岗敬业的职业素养。

- 检测系统部件阶段

在检测系统部件阶段，理解掌握测量动力电池漏电电压、动力电池母线放电的方法，漏电电压和母线放电在检测过程中能够放出上千伏的高压电，并且其测量数据的准确与否直接影响工作安全，所以在日常工作中，要具备严谨规范、精益求精的工作态度。

- 检修系统部件阶段

在检修系统部件阶段，需要掌握拆卸与安装动力电池的方法。在日常工作中，面对不同损耗状态的插接件，需要诚恳、真实地告知车主，并且根据实际情况给出最优维修方案，所以在工作中应具备诚信友善、追求创新的职业精神。

- 复检验收车辆阶段

在复检验收车辆阶段，需要掌握安全降落车辆、车辆标准上电、启动车辆、整理清扫的理论知识，并能付诸实际操作中。随着技术的发展进步，汽车更新迭代迅速，作为一名未来汽车维修工作从业者，在面对不同的车型时，需要能懂、能开、能修，这就要求我们具备终身学习的意识。

项目二　高低压充电系统的检修

　　通常，电动汽车的充电系统分为高压充电系统和低压充电系统，高压充电从充电速度来看，分为交流慢充和直流快充。高低压充电系统检查、车载充电机拆装与更换、无法充电故障诊断是电动汽车售后岗位的三大典型工作任务。

　　本项目核心任务融通情况如下所示。让我们行动起来吧！

学习任务一　高低压充电系统检查 → **学习任务二**　车载充电机拆装与更换 → **学习任务三**　无法充电故障诊断

学习任务一	学习任务二	学习任务三
·检查充电口异物、烧蚀等情况	·检视车载充电机及连接线束	·影响充电系统总体输出能力因素
·检查充电枪及连接线、充电插座	·检测车载充电机的接地情况	·纯电动汽车无法充电的原因
·检查DC/DC变换器外观	·检测车载充电机的绝缘性能	·充电系统常见故障排除流程
·检查高低压线束是否紧固	·检测车载充电机熔丝	·利用诊断仪进行故障诊断
·拆装充电口相关部件	·检测车载充电机高压线束导通	·查阅、分析维修手册或电路图
·检查充电口各端子电阻、电压	·拆卸冷却管路、连接线束等	·判断直流电源转化模块工作状况
·检测慢充和快充充电口绝缘电阻	·拆卸车载充电机	·对低压端信号线各信号进行检测
·检测DC/DC变换器绝缘电阻	·安装车载充电机	·检查车载充电机与BMS之间线束
·检查充电情况	·安装冷却管路、连接线束等	·读取充电系统数据流，并对比
·执行复检验收车辆工作	·执行复检验收车辆工作	·执行复检验收车辆工作

学习任务一　高低压充电系统检查

任务导入

一辆 2018 款的吉利帝豪 EV450 已行驶 2 万 km，需到店进行维护保养工作。由于电动汽车充电系统是维持电动汽车运行的能源补给设施，所以充电系统各部件的检查是一项重要工作，直接影响整车安全性。请你作为维修技师完成此项任务，并将实训工单填写完毕。

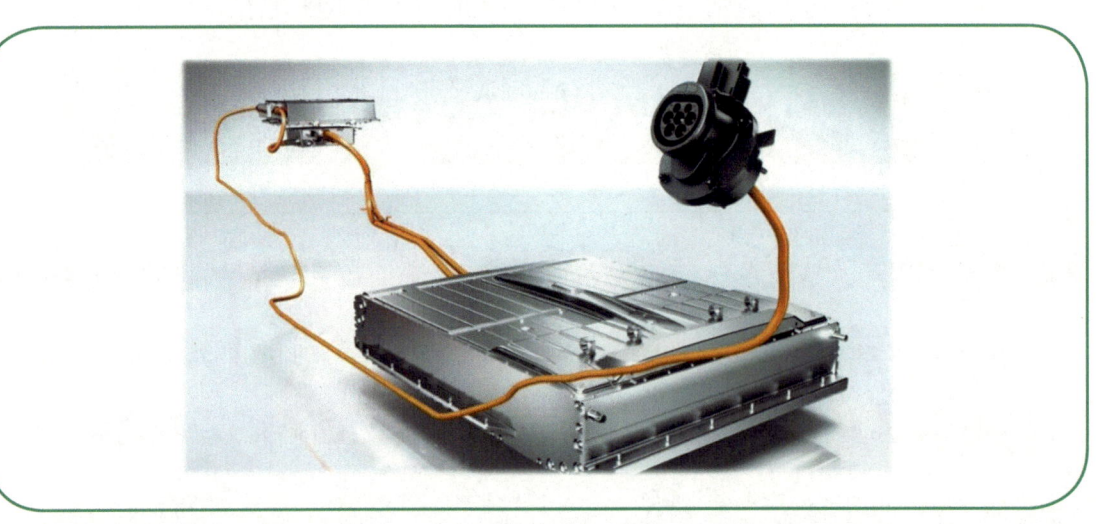

知识目标

- 能简述充电系统各部件的功能、充电系统的分类。
- 能简述交流慢充系统与直流快充系统的组成。
- 能简述充电系统充电状态及指示灯的含义。

技能目标

- 能够执行电动汽车充电系统维护与保养作业准备。
- 能够检视高低压充电系统及相关部件外观、清洁灰尘杂物。
- 能够执行交流充电与直流充电的操作。
- 能利用维修手册准确找到充电连接指示灯判断连接情况。

素养目标

> 能够具备分析问题和解决问题的能力。
> 能够养成团队协作、爱岗敬业的职业素养。
> 能够具备严谨规范、精益求精的工作态度。
> 能够具备诚信友善、追求创新的职业精神。
> 能够具备终身学习的意识。

重点

> 执行充电系统充电操作流程并正确识别充电状态。
> 掌握接地电阻测试仪的使用方法。
> 掌握绝缘电阻测试仪的使用方法。

难点

> 执行作业准备环节的实施步骤。
> 掌握充电系统的分类及各部件组成。
> 执行车辆复检工作。

知识链接

一、高低压充电系统的功能与类型

1. 高低压充电系统的功能

电动汽车充电系统是维持电动汽车运行的能源补给设施，充电系统从功能上分为快充、慢充、低压充电和能量回收四项。

快充：一种应急充电方式，采用直流充电，该电压一般都大于电池电压，充电电流是常规充电电流的十倍甚至几十倍，主要由带高压线束的直流充电口和动力电池组成。

慢充：慢充是指与家庭220V交流电插座或交流充电桩进行连接充电，主要由带高压线束的交流充电口、交流充电插座、交流充电插头、动力电池和车载充电机组成。

低压充电：低压充电是采用恒压的方式对12V铅酸电池进行充电，主要由12V铅酸电池、DC/DC变换器、分线盒和动力电池组成。

能量回收：能量回收是指车辆减速滑行或者制动时，电机控制器把电机从电动机模式转换成发电机模式向蓄电池充电，从而将制动能转化成电能重新给电池充电，实现能量回收，增加续驶能力。该功能涉及的零件主要包括制动开关、动力电池、驱动电机、电机控制器、整车控制器和高压线束等。

2. 高低压充电系统的类型

电动汽车充电系统可分为车载充电系统与非车载充电系统。车载充电系统安装在车辆内部，具有体积小、冷却和封闭性好、重量轻等优点，但功率普遍较小，充电所耗时间长；非车载充电系统安装在新能源汽车外部，具有规模大、使用范围广、功率大等优点，但体积大、重量大、不易移动，主要用于新能源汽车的快速充电。

车载充电系统按电压大小可分为高压充电系统和低压充电系统。高压充电系统包括交流（慢速）充电系统和直流（快速）充电系统，主要通过充电接口输入外部电流；低压充电系统主要由车内动力电池为低压蓄电池充电。

由于动力电池本身只能接受直流充电，若外部接入电动汽车的是交流电，则需要先通过车载充电机将交流电转换为直流电，再供给动力电池进行充电。若外部接入电动汽车的是直流电，可以直接将电能输入动力电池，无须转化。因此交流充电一般都是慢充，直流充电一般都是快充。

纯电动汽车充电系统主要由充电口、充电线束、车载充电机、高压配电器、动力电池、DC-DC 变换器、低压蓄电池以及各种高压线束和低压控制线束等组成。图 2-1 所示为电动汽车充电系统。

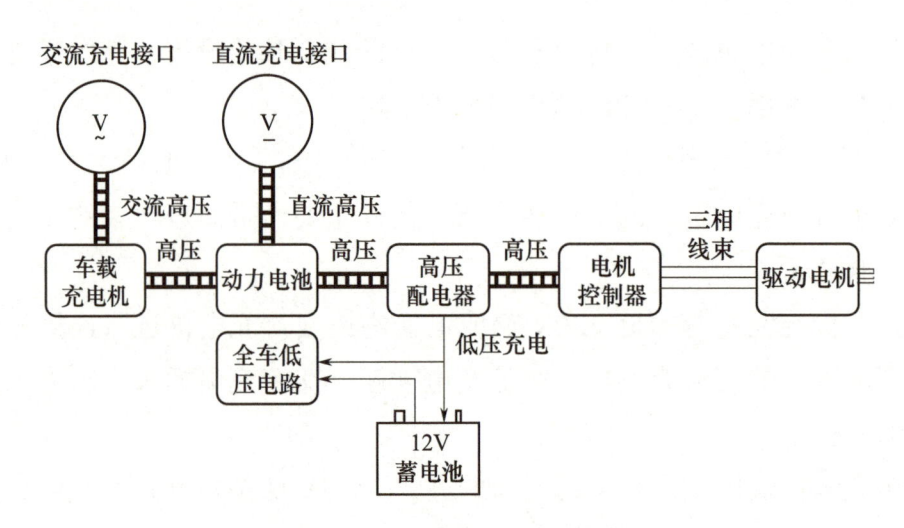

图 2-1　电动汽车充电系统

以吉利帝豪 EV450 为例，其低压充电、交流充电与直流充电的传输路线如图 2-2 所示，其中紫色为低压充电电流路线、绿色为交流慢充电流路线、橙色为直流快充电流路线。

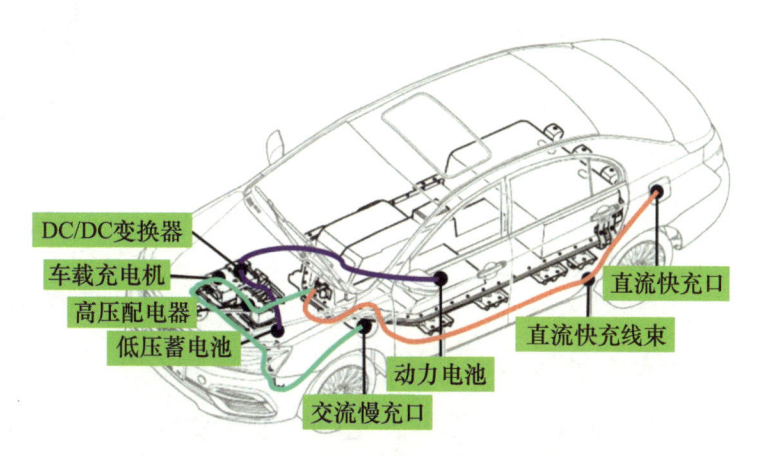

图 2-2 电动汽车高低压充电电流路线图

二、交流充电系统的组成

交流充电指电网输入给车辆的电压为交流电，可以是 220V 单相电或 380V 三相电。交流电通过充电插头和充电插座进入车载充电机，车载充电机再把交流电转化为直流电，给动力电池充电。

交流慢充充电系统主要由交流供电装置、交流慢充线束、交流充电口、车载充电机、高压配电盒以及动力电池等组成，有些车型不需要高压配电盒便能进行充电，如图 2-3 所示。

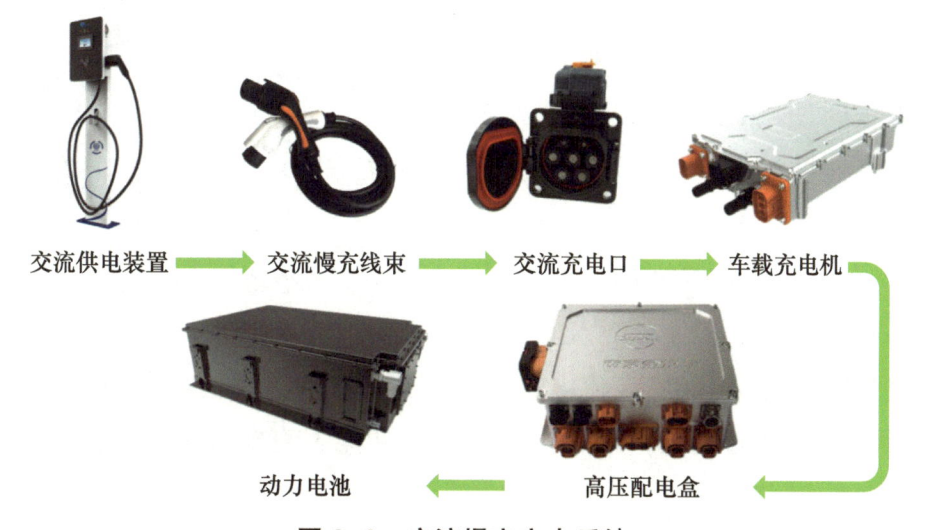

图 2-3 交流慢充充电系统

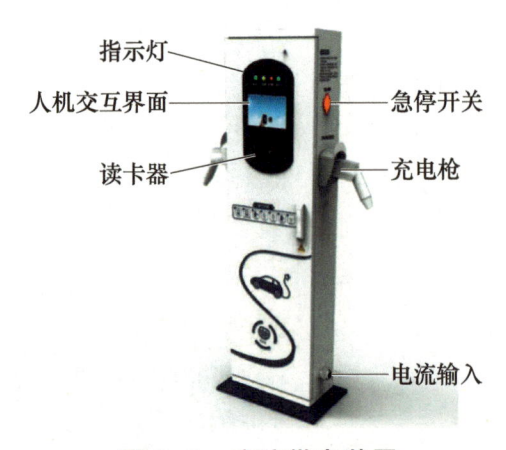

1. 交流供电装置

交流供电装置（交流充电桩）是指采用传导方式为具有车载充电机的电动汽车提供交流电源的专用供电装置。如图2-4所示，交流供电装置主要适用于为小型乘用车（纯电动汽车或插电式混合动力电动汽车）充电，充电速度慢。以吉利帝豪EV450为例，动力电池充满电的时间一般需要5~8h。

交流供电装置本质就是一个带控制功能的插座，输出的是交流电，需要车载充电机进行变压整流，受限于车载充电机功率，一般功率较小，以3.3kW和7kW的居多。相对于直流供电装置，交流供电装置只提供电力输出，需连接车载充电机为电动汽车充电，具有控制电源的作用，当交流充电桩与电动汽车正确连接后，充电桩才能允许启动充电；当交流充电桩检测到与电动汽车连接不正常时，立即停止充电。

动力电池充电时，电池正极与电源正极相连，电池负极与电源负极相连，充电电源电压必须高于电池的总电动势。

图2-4 交流供电装置

2. 随车充电器

随车充电器是连接电动汽车和交流供电装置的载体，其基本作用是传输电能。

随车充电器本质就是连接导线，在没有交流充电桩时使用，直接接入家庭220V用电即可，充电速度慢，但是由于功率较小，相对安全。

以吉利帝豪EV450为例，如图2-5所示，随车充电器由插头、控制器、充电枪、线束等组成。插头用于接入220V交流电源；控制器用于检测车辆和电网状态，并控制连接或断开给车辆的供电，具有一定的保护功能；充电枪用于插接车辆交流充电口。

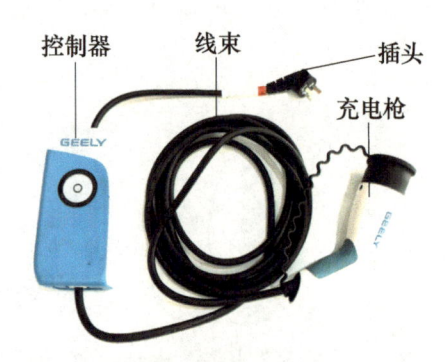

图2-5 吉利帝豪EV450的随车充电器

3. 交流充电口

交流充电口的作用是把供电装置输出的交流电能传到车载充电机上，同时也用于监测插接器的连接状态。以吉利帝豪 EV450 为例，如图 2-6 所示，交流充电口设置在车头左前翼子板上。

图 2-6　吉利帝豪 EV450 交流充电口

交流充电口应符合国标设计要求，目前各个品牌的接口是统一的，如图 2-7、图 2-8 所示。各端子含义见表 2-1，重要的端子有 5 个：（L）和（N）端子连接交流电源传输线；（CC）和（CP）端子用于充电连接确认、充电控制确认；（PE）端子是保护搭铁，用于连接供电设备搭铁线和车辆底盘。

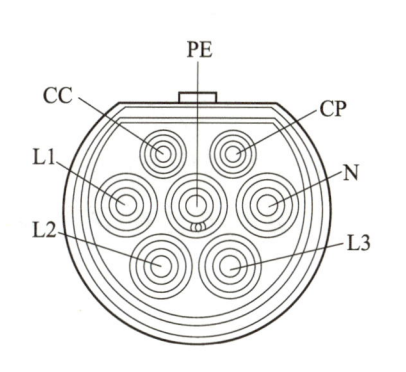

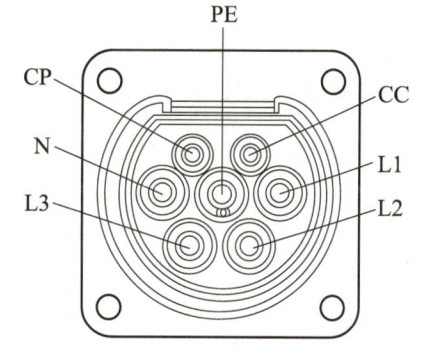

图 2-7　交流充电线束插头端子　　图 2-8　车端交流充电插座端子

表 2-1　交流充电端子功能定义

端子标号及标示	额定电压和额定电流	功能定义
L	250V 16A/32A	交流电源
N	250V 16A/32A	中线
PE	—	设备地线，连接供电设备搭铁线和车辆底盘
CC	36V 2A	充电连接确认
CP	36V 2A	充电控制确认
NC1	—	备用端子
NC2	—	备用端子

4. 车载充电机

车载充电机的主要作用是将主电网（外部电网）输入的交流电压转换成能够对动力电池进行充电的直流电压，它可以保证电动汽车动力电池安全并实现自动充满电的功能。车载充电机根据动力电池管理系统（BMS）提供的数据，动态调节充电电流或电压参数，执行相应的动作，完成充电过程。与传统工业级产品不同的是，车载充电机的要求更高，制造难度更大。

车载充电机上标有铭牌信息，如图2-9所示。车载充电机最大允许输入电压为230V，最大允许输入电流为32A，若计算最大功率则是：230V×32A=7.360kW。车载充电机最大充电电流主要受充电器输入电流和输出电压影响。

图2-9 车载充电机铭牌信息

5. 交流慢充方式的重要注意事项

建议充电时使用符合国家标准的充电设备，否则可能影响动力电池正常充电。为增加动力电池使用寿命和安全性，建议：

1）在环境温度0~40℃下充电。

2）气温在0℃以下时，为缩短充电时间，应停车后立即充电。

3）车辆长时间（1个月以上）放置时，动力电池电量尽量保持在50%~60%，同时断开12V铅酸电池负极。

三、直流充电系统的组成

交流充电系统充电速度太慢，很多情况下满足不了车主的充电需求，而直流充电系统能缩短充电时间，并以较大的电流（150~400A）给电动汽车充电。直流充电系统一般使用工业380V三相电，通过功率变换后，将高压、大电流直流电直接传递至动力电池进行充电。

如图2-10所示，直流快充充电系统主要由直流供电装置、直流充电线束、直流充电口以及动力电池等组成。相对于交流慢充系统，它不需要车载充电机参与工作。

直流供电装置 ➡ 直流充电线束 ➡ 直流充电口 ➡ 动力电池

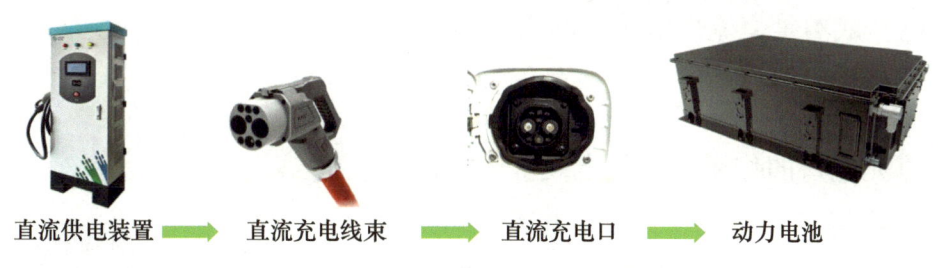

图 2-10　直流快充充电系统

1. 直流供电装置

直流供电装置俗称"快充桩"。如图 2-11 所示。直流供电装置是固定安装在电动汽车外，与交流电网连接，可以为电动汽车动力电池提供直流电源的供电装置，即用直流充电桩将直流高压电通过直流充电口，给动力电池充电。

与交流供电装置不同，直流供电装置采用三相四线 AC 380V、频率 50Hz 的交流电，输出为可调节的直流电，能够直接给电动汽车的动力电池充电，可以提供足够的功率，输出的电压和电流可调范围大，可实现快充的要求。

图 2-11　直流供电装置

直流供电装置的电气部分由主回路和二次回路组成。主回路的输入是三相交流电，经过输入断路器、交流智能电能表之后由充电模块（整流模块）将三相交流电转换为电池可以接受的直流电，再连接熔断器和充电枪，给电动汽车充电。

二次回路由充电桩控制器、读卡器、显示屏、直流电表等组成。二次回路还提供"启停"控制与"急停"操作；信号灯提供"待机""充电"与"充满"状态指示；显示屏作为人机交互设备则提供刷卡、充电方式设置与启停控制操作。

直流供电装置与交流供电装置对比，具有以下区别。

1）交流供电装置需要借助车载充电机来充电，直流供电装置不需要这个设备。

2）二者在充电速度上差别较大，以吉利帝豪 EV450 为例，完全放电后通过交流充电桩充满需要 8h，而通过直流充电桩仅需 2~3h。

3）安装要求和成本不同，通常直流供电装置必须使用三相四线 AC 380V

的交流电，成本是交流供电装置的 2~4 倍。

2. 直流充电口

直流充电口的作用是把供电装置输出的直流电源通过车辆接口、导线传到动力电池的正负极上，同时连接用于监测插接器连接状态的线路。以吉利帝豪 EV450 为例，如图 2-12 所示，直流充电口设置在车尾左前翼子板上。

图 2-12　吉利帝豪 EV450 直流充电口

直流充电口应符合国标设计要求，目前各个品牌的接口是统一的。如图 2-13、图 2-14 所示，直流充电口的针脚与供电装置的输出端子一一对应，各端子含义见表 2-2。

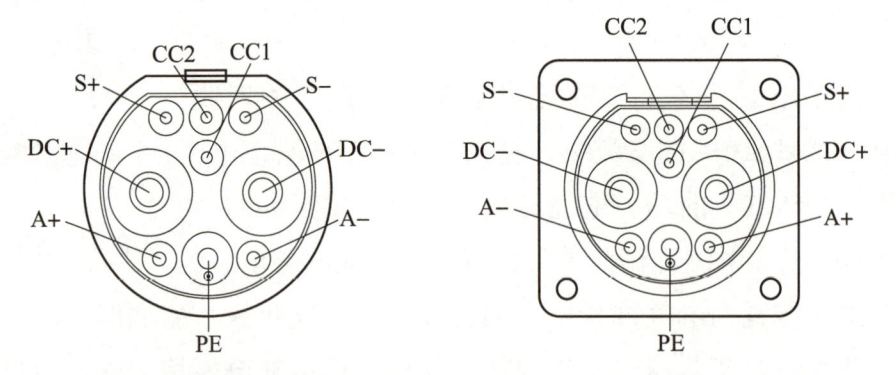

图 2-13　直流供电装置线束插头端子　　图 2-14　车端直流充电口插座端子

表 2-2　直流充电口各端子功能定义

端子标号及标示	额定电压和额定电流	功能定义
DC+	750V/1000V　80A/125A	直流电源正极，连接直流电源正极与动力电池正极
DC-	750V/1000V　80A/125A	直流电源负极，连接直流电源负极与动力电池负极
PE	—	保护搭铁（PE），连接供电设备搭铁线和车辆平台
S+	0~30V　2A	充电通信 CAN H，连接非车载充电机与电动汽车
S-	0~30V　2A	充电通信 CAN L，连接非车载充电机与电动汽车
CC1	0~30V　2A	充电连接确认线
CC2	0~30V　2A	充电连接确认线
A+	0~30V　2A	辅助电源正极
A-	0~30V　2A	辅助电源负极

3. 直流快充方式的重要注意事项

由于快充插头较重,应尽量垂直插拔,防止引起车辆或充电设备损坏;快充时,如误触碰快充插头按钮,可能导致停止充电,需拔出充电插头,重新充电。

为防止充电系统故障,请注意以下几点:

1)先关闭车辆充电插座防护盖,再关闭充电口盖。

2)避免充电插头遭受碰撞。

3)避免充电线缆受到挤压。

4)不要拉扯或缠绕充电线缆。

5)不要将充电线缆靠近加热器或其他热源。

6)充电结束后确保关闭充电插座防护盖和充电口盖。

7)启动车辆前请确认充电插头已从充电口拔出。

8)车辆具有充电线缆防盗功能。充电线缆连接后,按下遥控钥匙闭锁按钮,开启充电线缆防盗功能;若要拔出充电插头,务必先按下遥控钥匙解锁按钮。

四、低压充电系统的组成

纯电动汽车上通常至少带有两个电池,一个是作为全车能量输出的动力电池,一个是给低压系统供电的低压蓄电池,常见的低压蓄电池电压有12V、24V、48V等。纯电动汽车低压充电系统主要由高压动力电池、DC/DC变换器、低压蓄电池以及相关电气设备等组成。如图2-15所示,DC/DC变换器将动力电池的高压直流电转为低压直流电给低压蓄电池充电。

动力电池 ➡ DC/DC变换器 ➡ 低压蓄电池

图 2-15 低压充电系统

1. 低压蓄电池

低压蓄电池的作用是在车辆启动前(DC/DC变换器工作之前)给全车低压

用电设备供电（包括高压控制模块的供电）。当车辆启动后，由DC/DC变换器给全车低压用电设备供电。

蓄电池由极板、隔板、电解液和外壳等组成。极板分为正极板和负极板两种。正极板上的活性物质为二氧化铅（PbO_2），呈深棕色；负极板上的活性物质为海绵状纯铅（Pb），呈深灰色。图2-16所示为蓄电池内部结构。

作为汽车的启动电源，绝大部分汽车低压蓄电池都是铅酸电池，如图2-17所示。对于低压蓄电池为什么会选择铅酸电池，而不是用逐渐成主流的锂离子电池替代，主要原因是铅酸电池的成本低、安全程度较高及电池寿命长，此外铅酸电池比锂离子电池的低温性能更佳，在低温下锂离子电池的放电性能是递减的，-10℃就会迅速没电，但铅酸电池在-50℃也能正常启动汽车。

图2-16　蓄电池内部结构　　图2-17　铅酸电池

2. DC/DC变换器

DC是直流电（Direct Current）的英文缩写，用于表示直流电。DC/DC变换器是将某一电压等级的直流电源变换为其他电压等级直流电源的装置。DC/DC变换器也叫直流/直流转换器，电动汽车的DC/DC变换器的主要功用是将动力电池的高压直流电转换为低压直流电，给全车低压用电设备供电，同时给低压蓄电池充电，部分车辆DC/DC变换器集成在电机控制器内部。

DC/DC变换器内部由逆变器、变压器、整形电路等组成。DC/DC变换器按电压等级变换关系分为升压电源和降压电源两类，按输入输出关系分为隔离电源和无隔离电源两类。如图2-18所示，DC/DC变换器有四个插件接口，分别为低压输出负极、低压输出正极、低压控制端和高压输入端。

低压输出负极
低压输出正极
低压控制端
高压输入端

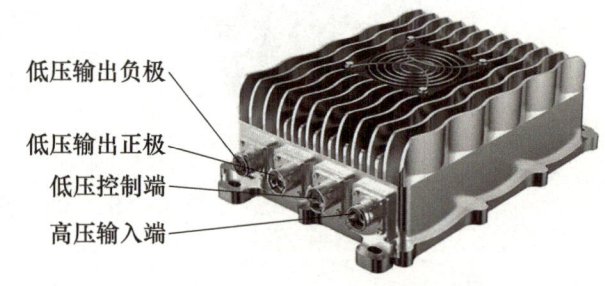

图2-18　DC/DC变换器插件接口

DC/DC 变换器把高压直流电转换为低压直流电，其内部必须依靠逆变器把高压直流电逆变为高压交流电，然后经过变压器转换为低压交流电，再经过二极管整流后转换为低压直流电。DC/DC 变换器内部工作原理如图 2-19 所示。

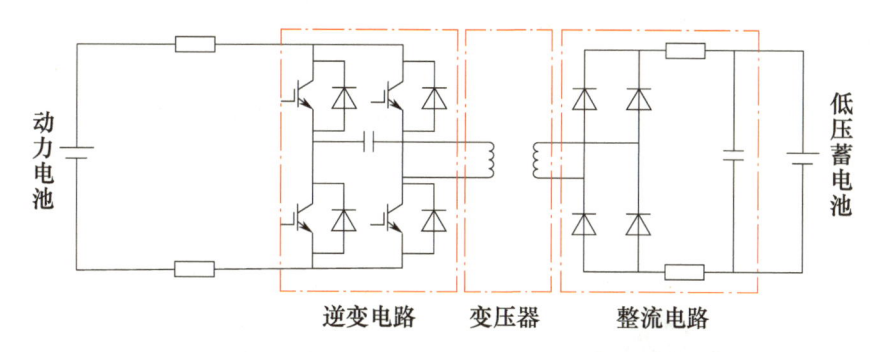

图 2-19　DC/DC 变换器内部工作原理

五、充电系统的充电状态及指示灯

1. 直流高压充电（快充）

在进行直流充电时，为保证充电安全，方便车主实时了解充电状态，在车端和桩端都会设置有充电指示灯，用于显示充电状态信息。

直流充电桩种类繁多，但指示灯显示信息含义大同小异。如图 2-20 所示，以中国南方电网直流立式电动汽车充电桩为例，充电状态界面如图 2-21 所示。有的充电桩设计有充电指示灯，有绿色、黄色、红色三种颜色，其含义见表 2-3。

图 2-20　中国南方电网直流快充桩 　　图 2-21　快充桩充电状态界面

表 2-3　直流充电状态与指示灯含义

指示灯颜色	直流充电状态
绿色	闪烁表示充电枪已连接等待充电 / 常亮表示充电进行中
黄色	设备警告 / 故障状态
红色	充电枪未连接 / 设备待机中

2. 交流高压充电（慢充）

为保证充电安全，方便车主实时了解充电状态，一般电动汽车在车端和桩端都会设置有充电指示灯，用于显示充电状态信息。

- 车端充电状态与指示灯

以吉利帝豪EV450为例，交流充电口安装在车头左前翼子板上，充电指示灯环绕车辆充电口，用于指示不同的充电状态，如图2-22、图2-23所示。充电指示灯状态显示说明见表2-4。

图2-22　吉利帝豪EV450车端充电口指示灯

图2-23　吉利帝豪EV450车载充电机指示灯

表2-4　吉利帝豪EV450车端交流充电状态与指示灯

显示	白色常亮 2min	黄色常亮 2min	绿色闪烁 2min	蓝色常亮 2min	绿色常亮 2min	红色常亮 2min	蓝色闪烁 2min
说明	充电照明	充电加热	充电过程	预约充电	充电完成	充电故障	放电过程

- 桩端充电状态与指示灯

以吉利帝豪EV450的便携式供电装置（随车电源适配器充电方式）为例，交流充电时观察充电枪指示灯，可以通过不同的指示灯显示状态反映当前的充电信息，随车充电枪故障显示及处理机制见表2-5。

表2-5　帝豪EV450充电枪故障显示及处理机制

显示	蓝色常亮	绿色循环闪烁	全部绿色常亮	全部绿色闪烁	红色闪烁					红色常亮
状态	电源指示	正在充电	充电完成	未连接	漏电保护	过电流保护	过电压/欠电压保护	通信异常	未接地	电源故障
处理	—	—	—	将枪头重新插入充电座	重新插入充电枪	—	重新插入充电枪	检查接地	检查交流电源

目前电动汽车的充电桩普及范围较广，缓解了不少补能焦虑，但如果电动汽车开到没有充电桩配置的农村或偏远地区，那应该如何充电呢？直接使用随车充电器找到家用插头就可以充电了吗？这样安全吗？利用你所学知识，谈谈如何准确地排除在家充电的安全隐患。思考一下，如果你是一名电动汽车车主，应如何加强充电安全意识。

技能链接

新能源汽车，特别是纯电动汽车的充电技术，最关键的问题是如何实现高效率的快速充电。这关系到充电器的容量和性能、电网的承载能力和动力电池的承受能力等。随着动力电池本身充放电速度的不断提高，充电系统的性能也在不断改进，对车辆的充电安全性和便利性提出了越来越高的要求，那么能够准确快速且安全地进行充电操作也是作为一名维修人员应具备的基本技能。

一、执行工作准备

1）执行场地防护。
2）执行人身防护。
3）检查设备和工具。
- 维修手册。
- 随车充电包。
- 万用表。
- 绝缘电阻测试仪。

4）记录车辆信息。
5）执行车辆防护。

二、检视系统部件

1. 检查充电口

检查直流、交流充电口盖板和内盖板能否正常开启和关闭。

检查直流、交流充电口是否干燥且无异物、烧蚀、损坏。

检查直流、交流充电口导体颜色有无发黑，充电口有无变形、缺损，如图 2-24、图 2-25 所示。

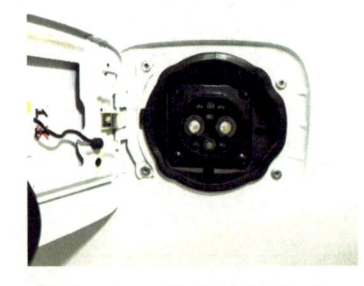

图 2-24　检查交流充电口　　图 2-25　检查直流充电口

2. 检查充电枪及连接线、充电插座

检查充电枪和充电插座连接插孔有无异物、变形等异常情况，如图 2-26 所示；

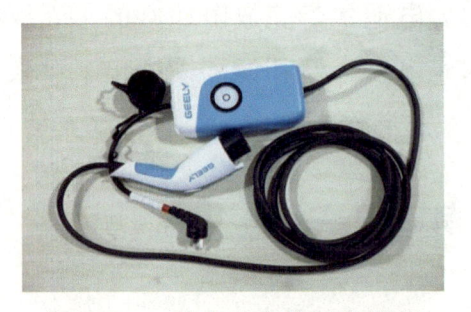

图 2-26　检查充电枪及连接线

检查充电枪与充电插头是否正常可靠连接，如图 2-27 所示。

图 2-27　检查充电枪与充电插头的连接

3. 检查充电系统高低压线束

戴好绝缘手套，检查高低压线束外观是否有破损、高压线束表面绝缘层是否损坏、高压线束有无断裂。若发现问题，及时进行修复。

三、检测系统部件

1. 检测充电口各端子电压

使用万用表分别检测充电口的 L 端子与 N 端子的电压、CC 信号线与 PE 之间的电压，如图 2-28 所示，标准电压为 10~13V。

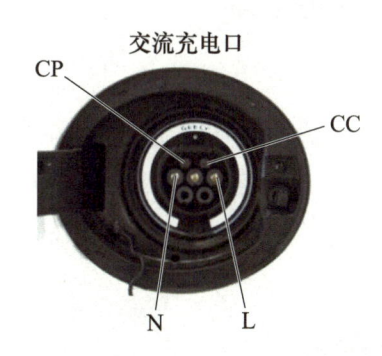

图 2-28　检测交流充电口各端子电压

2. 测量充电口的绝缘电阻

断开蓄电池负极，断开车载充电机处直流母线，检测充电口的绝缘电阻（先将绝缘电阻测试仪调至 1000V 档位，再将红表笔依次连接充电口 L、N、DC+、DC- 针脚，黑表笔连接 PE 针脚），如图 2-29 所示。标准值：大于等于 20MΩ。

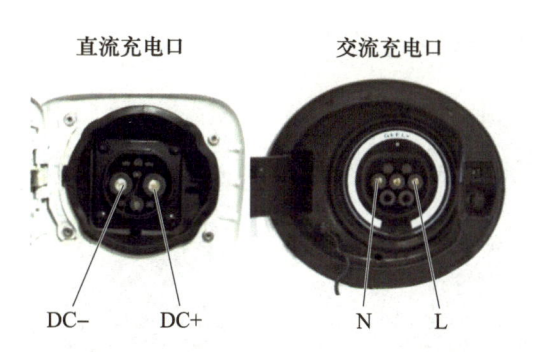

图 2-29　检测直流和交流充电口的绝缘电阻

四、检修系统部件

确认车辆处于静止（P 位）、OFF 状态。

检查充电桩，识别充电桩电源指示灯、故障指示灯，如图 2-30 所示。

确认充电枪类型，选择交流慢充充电枪或直流快充充电枪，如图 2-31 所示。

图 2-30　检查充电桩　　　　图 2-31　确认充电枪类型

连接充电枪准备充电，确认车辆处于防盗解除状态，如图 2-32 所示。

在驾驶人车门前侧，按压交流充电口盖板右侧，打开交流充电口盖板，如图 2-33 所示。

图 2-32　解除车辆防盗状态　　　图 2-33　打开交流充电口盖板

按下橙色按钮拔出充电口护盖，如图 2-34 所示。

将车载充电机与电源连接，如图 2-35 所示。

图 2-34　拔出充电口护盖　　　　图 2-35　连接电源

按压车载充电机的锁止按钮，插入充电枪连接充电，确认充电枪正常锁止且无法拔下。

通过阅读充电指示确认充电状态，如图 2-36 所示；观察仪表板充电连接指示灯确认连接情况，查看充电指示灯的颜色，绿色不闪烁表示充满，如图 2-37 所示。

确认充电完成，关闭充电口盖。

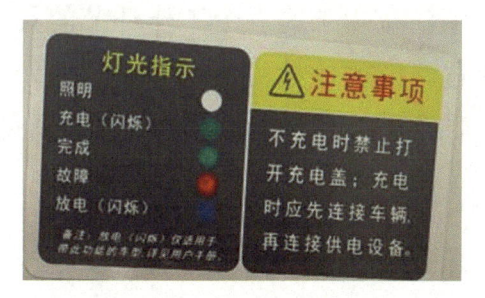

图 2-36　阅读充电指示

图 2-37　检查充电指示灯状态

五、复检验收车辆

1）车辆标准上电。

2）竣工检验。

3）整理清扫。

素养养成

• 执行工作准备阶段

在执行工作准备阶段，认真学习电动汽车充电系统的维护与保养作业所需的基础知识，明确检查设备和工具、执行场地防护、执行车辆防护、执行人身防护、记录车辆信息五个工作环节的具体要求，能够处理在执行电动汽车充电系统的维护与保养作业准备过程中遇到的困难，自主冷静思考，养成分析问题和解决问题的能力。

• 检视系统部件阶段

在检视系统部件阶段，理解掌握车辆标准下电，安全举升车辆，检查高压充电装置如充电口、充电枪、充电插座及连接线外观,检查充电系统相关部件的外观及高低压线束,清洁灰尘杂物五个工作环节的具体要求,此项任务工作量小但责任重大,需要进行全面的检视,切忌遗忘部件,所以在执行任务的过程中需要严于律己、注重团队配合,养成团队协作、爱岗敬业的职业素养。

- 检测系统部件阶段

在检测系统部件阶段,掌握检测充电口各端子电压、检测慢充和快充充电口的绝缘电阻的方法,绝缘电阻测试仪和接地电阻测试仪在检测过程中能够放出上千伏的高压电,并且其测量数据的准确与否直接影响工作安全,所以在日常工作中,要具备严谨规范、精益求精的工作态度。

- 检修系统部件阶段

在检修系统部件阶段,需要做到正确检查电动汽车的充电状态,能够执行交流充电与直流充电的操作。在日常工作中,面对不同损耗状态的充电口零件,需要诚恳、真实地告知车主,并且根据实际情况给出最优维修方案,所以在工作中应具备诚信友善、追求创新的职业精神。

- 复检验收车辆阶段

在复检验收车辆阶段,需要掌握安全降落车辆、车辆标准上电、启动车辆、整理清扫的理论知识,并能付诸实际操作中。随着技术的发展进步,汽车更新迭代迅速,作为一名未来汽车维修工作从业者,在面对不同的车型时,需要能懂、能开、能修,这就要求我们具备终身学习的意识。

学习任务二　车载充电机拆装与更换

任务导入

一辆 2018 款的吉利帝豪 EV450 已行驶 2 万 km，需到店进行维护保养工作。由于电动汽车车载充电机是充电系统的重要部件，所以车载充电机的定期检查是一项重要工作，直接影响整车安全性。请你作为维修技师完成此项任务，并将实训工单填写完毕。

知识目标

- 能够理解车载充电机的功能与类型。
- 能够理解车载充电机的组成。
- 能够掌握车载充电机的工作原理。

技能目标

- 能够检视车载充电机、高低压线束外观，清洁灰尘杂物。
- 能够查阅维修手册掌握检测车载充电机线束插接器的方法。
- 能够检测车载充电机的绝缘性能、接地情况。
- 能够执行车载充电机的拆装与更换。

素养目标

- 能够具备分析问题和解决问题的能力。
- 能够养成团队协作、爱岗敬业的职业素养。
- 能够具备严谨规范、精益求精的工作态度。

078 电动汽车电池及管理系统保养与检修（彩色版配实训工单）

> 能够具备诚信友善、追求创新的职业精神。
> 能够具备终身学习的意识和新知识的自学能力。

📝 重点

> 执行车载充电机部件的更换。
> 掌握接地电阻测试仪的使用方法。
> 掌握绝缘电阻测试仪的使用方法。

📝 难点

> 执行作业准备环节的实施步骤。
> 更换车载充电机。
> 执行车辆复检工作。

知识链接

一、车载充电机的功能与类型

车载充电机（OBC）是固定安装在纯电动汽车上的充电机，其主要作用是将外部输入的220V或380V交流电转换为直流电输送给高压配电盒，从而给动力电池充电。车载充电机能够依据动力电池状态对输出的电流大小进行调节，同时还提供相应的保护功能，包括过电压、欠电压、过电流、欠电流等多种保护措施，当充电系统出现异常时会及时切断供电。

一般车载充电机安装在前机舱内，如吉利帝豪EV450、北汽EV160、比亚迪e6（图2-38），但也有部分车型的车载充电机在右后车舱处，如荣威E50（图2-39）。

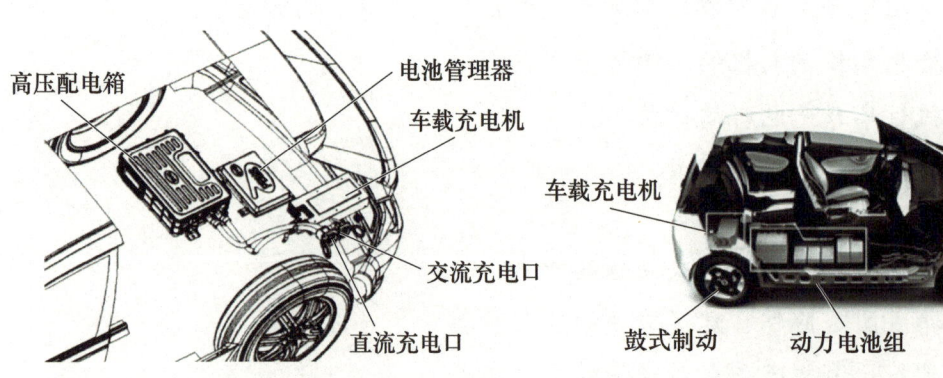

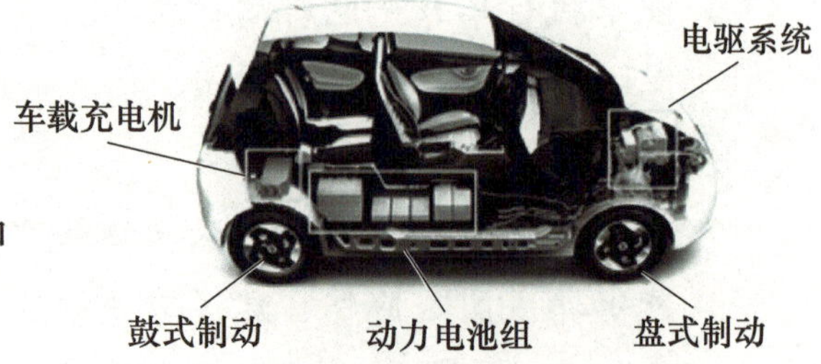

图2-38 比亚迪e6车载充电机位置　　图2-39 荣威E50车载充电机位置

部分车型的车载充电机是单独的,称为分体式车载充电机(图2-40),但目前市面上大多数车型将车载充电机和高压配电器、DC/DC集成为一个整体,或者与高压分配单元(PDU)集成为一体,统称为集成式车载充电机。以比亚迪为例,如图2-41所示,比亚迪的2.0e平台则是将OBC、DC/DC、PDU三个部分整合成一个整体放置在前机舱处。

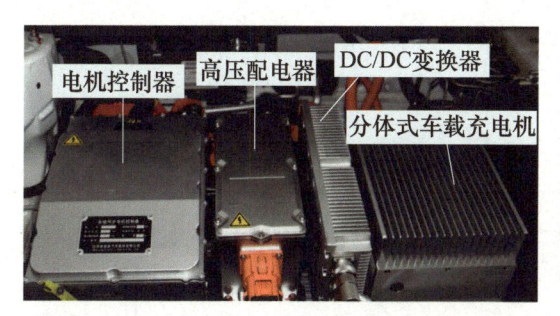

图2-40 北汽EV200分体式车载充电机

图2-41 比亚迪集成式车载充电机

二、车载充电机的组成

如图2-42所示,车载充电机主要由机体、散热片、冷却风扇、线束接口、车载充电机指示灯组成,车载充电机按冷却方式可分为风冷式和液冷式两种。车载充电机外部线束接口分别为车载充电机输入端、车载充电机输出端、车载充电机分线盒、车载充电机充电端。

图2-42 车载充电机

三、车载充电机工作原理

车载充电机的工作原理如图2-43所示。首先,低压直流电源(蓄电池)为车载充电机供电,当插上充电枪时,交流充电口插座将通过高压L导线、低压N导线及CP、CC等信号线与车载充电机(OBC)进行连接,然后在电池管理系统(BMS)、整车控制器(VCU)等部件的协调下进行充电综合管理,即电池管理系统(BMS)与整车控制器(VCU)通过CAN总线与车载充电机进行通信,以控制车载充电机的工作状态,使其将输入的交流高压电转变成直流高压电,并通过两条直流高压电缆HV+、HV-给动力电池充电,最后充电口的电子锁开始工作,充电指示灯亮起。在车载充电机充电过程中,当监测到车载充电机温度高于75℃时,充电机的输出电流变小;若温度高于80℃,车载充电机将切断供电，停止输出电能。电池管理系统（BMS）为车载充电机提供过电压、欠电压、过电流、欠电流等多种保护措施。若充电系统出现异常，电池管理系统（BMS）会及时采取应对措施甚至切断供电。

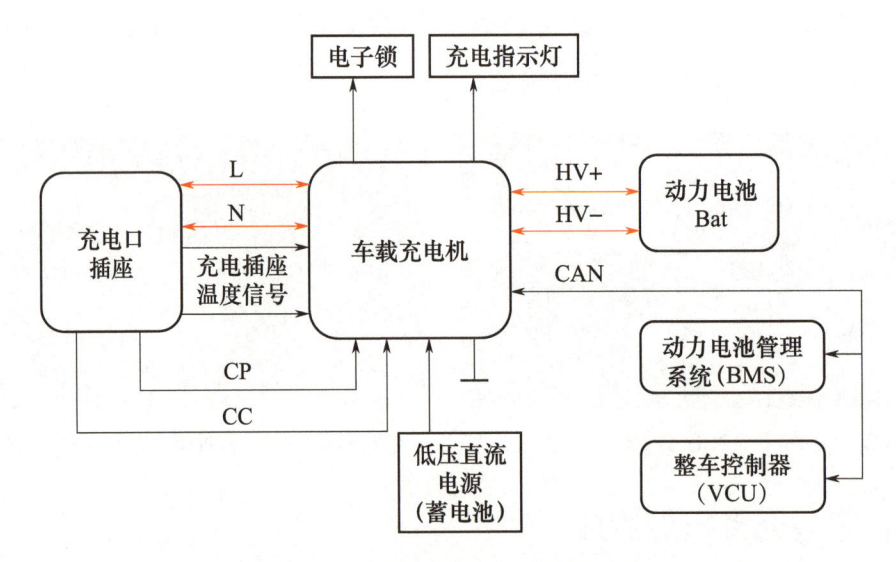

图 2-43 车载充电机的工作原理

"汽车医生"魏俊强的大国工匠梦——工匠之心在于脚踏实地，认真走好脚下的路。作为魏工培训学校的执行校长，"北京大工匠"魏俊强始终坚持自己"成为一名优秀的汽车医生"的理想信念，借鉴中医"望闻问切"思路，诊修汽车故障，并致力于将工匠精神一代又一代地传递下去，培养了一批又一批技术骨干。

2019年，北京祥龙博瑞汽车服务（集团）有限公司和北京商业学校实现产教联合，企校双方围绕"祥龙教育、产教一体、孕育工匠、服务北京"的共同目标，倾力打造的汽修专业人才的培训基地——"魏工养车商校实训基地"正式落成。

技能链接

电动汽车对充电装置的要求为使用方便、能量效率高、安全性好。车载充电机在长时间工作后会产生高温发热，并且各连接处可能存在松动导致接触不良、充电机和电缆破损导致漏电，所以为确保电动汽车的

车载充电机拆装与更换

安全使用，需要定期进行检视保养。车载充电机将 220V 的交流电转换成直流电，给电动汽车的动力电池补充能量，整个过程电压较高，操作时必须注意安全防护。

一、执行工作准备

1）执行场地防护。

2）执行人身防护。

3）检查设备和工具。

- 绝缘电阻测试仪（表）。
- 接地电阻测试仪（表）。
- 万用表。
- 诊断仪。

4）记录车辆信息。

5）执行车辆防护。

二、检视系统部件

1）高低压下电。

2）检视车载充电机。目视检查车载充电机的外壳是否存在变形损坏，如图 2-44 所示。

目视检查车载充电机固定螺栓的外观，应光亮无锈蚀迹象、无明显裂痕，若存在损坏，及时进行修理。

检查部件是否紧固，目视检查螺栓漆标是否对齐，如图 2-45 所示，若没有对齐或无漆标，则使用扭力扳手，用 22N·m 的力以对角紧固的方式紧固螺栓。

图 2-44　车载充电机外观检查　　图 2-45　车载充电机固定螺栓漆标

若车载充电机采用液冷形式,检查车载充电机的水管有无破损、漏液;若存在损坏,根据损坏程度查阅维修手册进行修理,如图 2-46 所示。若采用风冷形式,检查车载充电机风扇转动是否灵活,挡风圈上是否有异物,必要时清洁风扇外表面。

检查车载充电机工作时充电指示灯是否正常。充电指示灯如图 2-47 所示;如果指示灯都不亮,检查充电桩、车载充电机、充电线束及插件是否连接不牢固。

图 2-46　检查车载充电机冷却水管

图 2-47　检查车载充电机工作时充电指示灯状态

3)检视高低压线束和插接器。戴好绝缘手套,检查高低压线束插接器是否能够正常连接、断开,如图 2-48、图 2-49 所示,保证高压线束插接器能正常导通。若存在问题,参考维修手册进行修复。

图 2-48　车载充电机高压线束插接器

图 2-49　车载充电机低压线束插接器

戴好绝缘手套,检查高低压线束插接器是否能够正常锁止,如图 2-50、图 2-51 所示,高压线束插接器锁止后无法断开。若存在问题,参考维修手册进行修复。

戴好绝缘手套,检查高低压线束外观是否有破损,如图 2-52、图 2-53 所示。检查高压线束表面绝缘层是否损坏,高压线束有无断裂。若发现问题,及时进行修复。

4）检查冷却液液位。检查冷却液膨胀罐内液位是否在 MAX（上限）和 MIN（下限）之间，如图 2-54 所示。

图 2-50　车载充电机高压线束插接器锁止状态

图 2-51　车载充电机低压线束插接器锁止状态

图 2-52　车载充电机高压线束外观检查

图 2-53　车载充电机低压线束外观检查

图 2-54　检查冷却液液位

三、检测系统部件

1. 检测车载充电机的接地情况

检查接地电阻表自身电阻是否正常，如图 2-55 所示。

使用接地电阻表检查车载充电机接地电阻是否小于 0.1Ω，如图 2-56 所示。

图 2-55　检查接地电阻表

图 2-56　测量车载充电机的接地电阻

2. 检测车载充电机熔丝

利用手册查阅车载充电机熔丝位置，如图 2-57 所示，检查熔丝是否熔断，若熔断则更换。

使用万用表电阻档检测车载充电机熔丝，如图 2-58 所示，熔丝电阻应小于 1Ω。

图 2-57　车载充电机熔丝 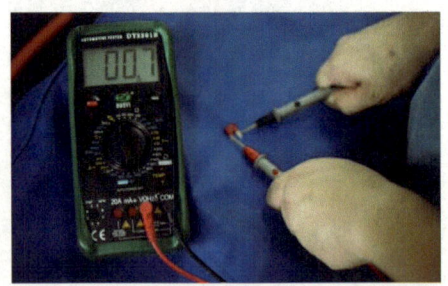　　　　图 2-58　测量车载充电机熔丝

3. 检测车载充电机低压线束插接器的端子电压、接地端子导通性

连接蓄电池负极电缆，如图 2-59 所示，将点火开关置于 OFF 状态。
断开车载充电机低压线束插接器 BV10，如图 2-60 所示。

图 2-59　连接蓄电池负极电缆 　　　图 2-60　断开车载充电机低压线束插接器

（1）检查车载充电机低压线束插接器的端子电压　将点火开关调至 ON 档；如图 2-61 所示，用万用表直流电压档测量车载充电机低压线束插接器 BV10 端子 4 对车身接地的电压，标准电压为 11~14V。

（2）检查车载充电机低压线束插接器的接地端子导通性　将点火开关置于 OFF 档；如图 2-62 所示，用万用表电阻档测量车载充电机低压线束插接器 BV10 端子 6 与车身接地之间的电阻值，标准电阻小于 1Ω。

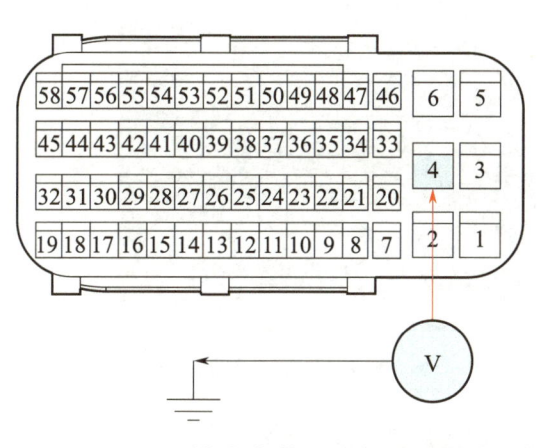

图 2-61　检查车载充电机低压线束插接器的端子电压

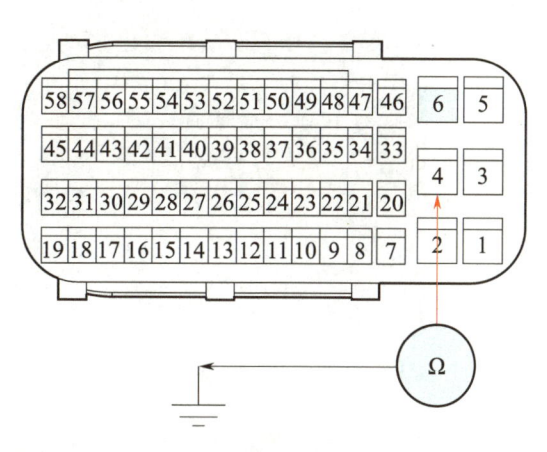

图 2-62　检查车载充电机低压线束插接器接地端子导通性

四、检修系统部件

1. 拆卸车载充电机

（1）排放冷却液　使用举升机将车辆举升至合适高度；保证车辆冷却液处于低温状态，如图 2-63 所示，拧开膨胀罐上的冷却液加注口盖；找到车辆左下方散热器出水管，将其断开，使用容器对排出的冷却液进行收集，如图 2-64 所示，注意防溅。

图 2-63　拧开膨胀罐盖

图 2-64　排放冷却液

（2）断开加热器高低压线束插接器　如图 2-65 所示，断开车载充电机与加热器高压线束插接器；断开车载充电机与驱动电机控制器高压线束插接器；断开车载充电机线束与交流充电插座总成插接器；断开车载充电机与低压线束插接器，如图 2-66 所示。

（3）断开水管和搭铁线　如图 2-67 所示，断开车载充电机与驱动电机总成连接水管；断开车载充电机与驱动电机控制器连接水管；拆卸车载充电机搭铁螺栓，如图 2-68 所示。

图 2-65　断开高压线束插接器 　　图 2-66　断开低压线束插接器

图 2-67　断开水管 　　图 2-68　拆卸搭铁螺栓

（4）拆卸固定螺栓　如图 2-69 所示，使用工具拆卸车载充电机的 4 个固定螺栓；取出车载充电机，如图 2-70 所示。

图 2-69　拆卸车载充电机固定螺栓 　　图 2-70　取出车载充电机

2. 检测车载充电机的绝缘电阻

（1）绝缘电阻表校表

开路检测：电阻应为无穷大，如图 2-71 所示。

短路检测：电阻应小于 1Ω，如图 2-72 所示。

数字绝缘电阻表上显示"TEST"表示功能正常。

图 2-71　开路检测　　　　　　图 2-72　短路检测

（2）测量车载充电机的绝缘电阻　使用绝缘电阻表分别检测车载充电机外壳与车载充电机高压插头之间的阻值，要求绝缘阻值大于 20MΩ。车载充电机高压插头分别为车载充电机输入端（图 2-73）、车载充电机输出端（图 2-74）、车载充电机分线盒（图 2-75）、车载充电机充电端（图 2-76）。

图 2-73　车载充电机输入端　　　　　　图 2-74　车载充电机输出端

图 2-75　车载充电机分线盒　　　　　　图 2-76　车载充电机充电端

3. 安装车载充电机

（1）放置车载充电机　对准安装固定位置，放置车载充电机，如图 2-77 所示；使用棘轮套筒进行螺栓预紧；使用 22N·m 的力矩紧固车载充电机 4 个固定螺栓，如图 2-78 所示。

图 2-77　安装车载充电机 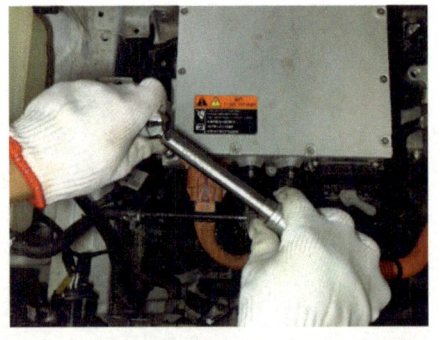　　图 2-78　拧紧车载充电机固定螺栓

（2）连接水管和搭铁线　如图 2-79 所示，连接车载充电机与驱动电机总成连接水管；连接车载充电机与驱动电机控制器连接水管；紧固车载充电机搭铁螺栓，如图 2-80 所示。

图 2-79　连接水管 　　图 2-80　紧固搭铁螺栓

（3）连接高低压线束插接器　如图 2-81 所示，连接车载充电机与加热器高压线束插接器；连接车载充电机与驱动电机控制器高压线束插接器；连接车载充电机线束与交流充电插座总成插接器；如图 2-82 所示，连接车载充电机与低压线束插接器。

图 2-81　连接高压线束插接器 　　图 2-82　连接低压线束插接器

（4）加注冷却液　使用诊断仪依次进入"自动空调"—"特殊功能"—"热管理系统冷却液的加注过程"，进行初始化；初始化完成后，开始加注冷却液，直到膨胀罐液位不再下降为止，如图 2-83 所示；加注完成后，单击诊断仪中的"执行冷却系统排气"，排气功能执行成功后水泵开始运转，排气开始，在排气过程中，注意观察膨胀罐液面，液面下降到最低刻度线以下时，适当添加冷却液，排气过程时长保持不少于 10min，直至冷却液液面不再下降；继续添加到最高液位即可，拧紧膨胀罐盖，如图 2-84 所示。

图 2-83　加注冷却液　　　　图 2-84　拧紧膨胀罐盖

（5）更换后的检查

安全检查：检查安装牢固性、各线束插头是否到位、高低压部件绝缘性能等。

慢充测试：进行慢充测试，检查仪表显示是否正常、车载充电机指示灯显示是否正常。

五、复检验收车辆

1）车辆标准上电。
2）竣工检验。打开充电口盖，连接充电枪，检查车辆充电状况。
3）整理清扫。

素养养成

- 执行工作准备阶段

在执行工作准备阶段，认真学习车载充电机更换作业所需的基础知识，明确检查设备和工具、执行场地防护、执行车辆防护、执行人身防护、记录车辆信息五个工作环节的具体要求，能够处理在执行车载充电机更换作业准备过程中遇到的困难，自主冷静思考，养成分析问题和解决问题的能力。

• 检视系统部件阶段

在检视系统部件阶段，理解掌握车辆标准下电、安全举升车辆、检查车载充电机的外观、检查高低压线束紧固情况、清洁灰尘杂物五个工作环节的具体要求，此项任务工作量小但责任重大，需要进行全面的检视，切忌遗忘部件，所以在执行任务的过程中需要严于律己、注重团队配合，养成团队协作、爱岗敬业的职业素养。

• 检测系统部件阶段

在检测系统部件阶段，掌握检测车载充电机接地电阻、绝缘电阻的方法，掌握检测车载充电机熔丝、高压线束的导通情况的方法，注意绝缘电阻测试仪和接地电阻测试仪在检测过程中能够放出上千伏的高压电，并且其测量数据的准确与否直接影响工作安全，所以在日常工作中，要具备严谨规范、精益求精的工作态度。

• 检修系统部件阶段

在检修系统部件阶段，需要掌握正确更换电动汽车车载充电机的方法，并能够在更换车载充电机后正常进行充电操作。在日常工作中，面对不同损耗状态的车载充电机，需要诚恳、真实地告知车主，并且根据实际情况给出最优维修方案，所以在工作中应具备诚信友善、追求创新的职业精神。

• 复检验收车辆阶段

在复检验收车辆阶段，需要掌握安全降落车辆、车辆标准上电、启动车辆、整理清扫的理论知识，并能付诸实际操作中。随着技术的发展进步，汽车更新迭代迅速，作为一名未来汽车维修工作从业者，在面对不同的车型时，需要能懂、能开、能修，这就要求我们具备终身学习的意识。

学习任务三 无法充电故障诊断

任务导入

一辆 2018 款的吉利帝豪 EV450 已行驶 2 万 km，某天车主在充电时发现无法充电，需到店进行维修。由于充电系统是电动汽车动力来源的主要路径，所以充电系统的故障诊断是一项重要工作，直接影响整车安全性。请你作为维修技师完成此项任务，并将实训工单填写完毕。

知识目标

> 能够理解高低压充电系统各充电类型的工作原理。
> 能够表述充电系统充电锁、智能充电、能量回收的工作原理。
> 能够简述电动汽车无法充电的故障原因。

技能目标

> 能够检视充电系统各部件外观、清洁灰尘杂物。
> 能够掌握检测车载充电机电压、绝缘电阻的方法。
> 能够掌握检修更换充电系统高压线束的方法。
> 能够排除车辆无法充电的简单故障。

素养目标

> 能够具备分析问题和解决问题的能力。
> 能够养成团队协作、爱岗敬业的职业素养。

> 能够具备严谨规范、精益求精的工作态度。
> 能够具备诚信友善、追求创新的职业精神。
> 能够具备终身学习的意识和新知识的自学能力。

重点

> 执行充电系统部件的诊断。
> 掌握接地电阻测试仪的使用方法。
> 掌握绝缘电阻测试仪的使用方法。

难点

> 执行作业准备环节的实施步骤。
> 更换高低压线束。
> 执行车辆复检工作。

知识链接

一、高低压充电系统的工作原理

高低压充电系统是维持电动汽车运行的能源补给设施,是从供电电源获取能量对动力电池进行充电时使用的有特定功能的电力转换装置。下面以吉利帝豪 EV450 纯电动汽车为例进行讲解,充电系统从功能上分为直流高压充电(快充)、交流高压充电(慢充)、充电锁、低压充电、智能充电和能量回收。

1. 直流高压充电(快充)的工作原理

直流充电系统主要是通过充电站的充电桩将直流高压电直接通过直流充电口给动力电池充电。当直流充电设备接口连接到整车直流充电口,直流充电设备发送充电唤醒信号给电池管理系统(BMS),BMS 根据动力电池的可充电功率,向直流充电设备发送直流充电指令。同时,BMS 吸合系统高压正极继电器和高压负极继电器,动力电池开始充电,如图 2-85 所示。一般情况下,快充 30min 可充电 50%。

图 2-85 直流高压充电(快充)

• 充电控制流程

直流充电系统在进行充电或停止过程中，需要按照一定的流程来执行，如图 2-86 所示。直流充电桩输出由 9 根线组成，分别是直流电源线路 DC+、DC-；设备地线 PE；充电通信线路 S+、S-；充电连接确认线路 CC1、CC2；低压辅助电源线路 A+、A-。

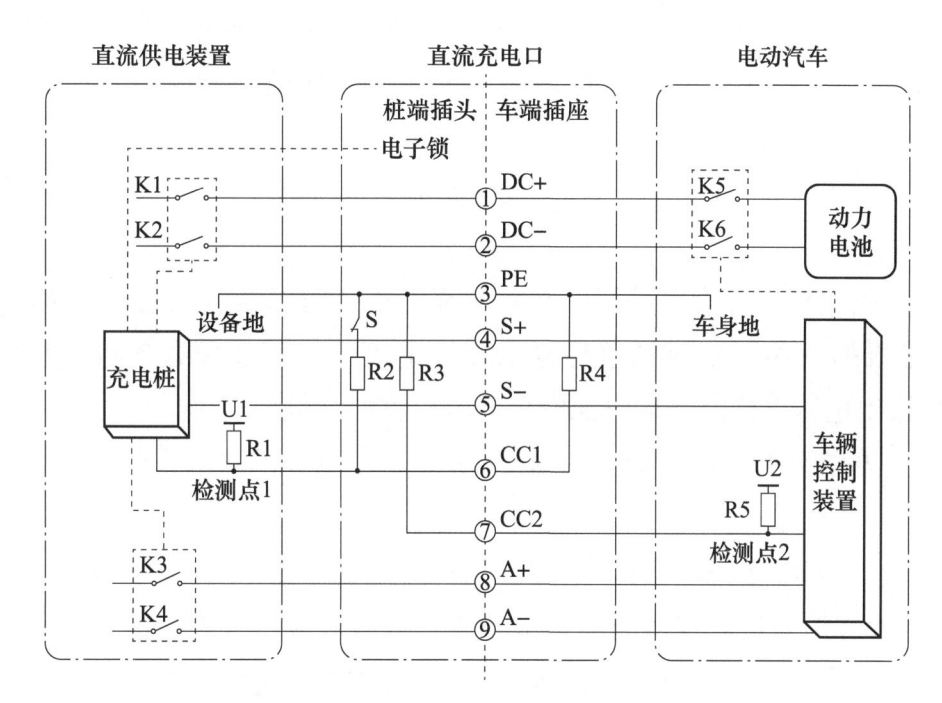

图 2-86 直流充电系统充电控制流程图

直流充电桩通过这 9 根线给电动汽车充电，具体的充电过程如下：直流充电桩和电动汽车二者通过车辆插座相连。S+ 和 S- 是一个常闭开关，与直流充电枪头上的按键（即机械锁）相关联，当按下充电枪头上的按键，S+ 和 S- 开关即打开。而 U1、U2 是一个 12V 上拉电压，R1~R5 是阻值约 1000Ω 的电阻，R1、R2、R3 在充电枪上，R4、R5 在车辆插座上。

1）车辆接口连接确认阶段：按下充电枪头按键，插入车辆充电插座，再放开枪头按键。与 CC1 线路连接的充电桩的检测点 1 将检测到电压出现 12V—6V—4V 的变化。一旦检测到 4V，充电桩将判断充电枪插入成功，车辆接口完全连接，并将充电枪中的电子锁进行锁定，防止枪头脱落。

2）直流充电桩自检阶段：在车辆接口完全连接后，充电桩将闭合 K3、K4，使低压辅助供电回路导通，为电动汽车控制装置供电（有的车辆不需要供电）。车辆得到供电后，将根据与 CC2 线路连接的检测点 2 的电压大小来判断车辆接口是否连接。若电压值为 6V，则车辆控制装置开始发送信号，接着闭合 K1、K2，进行绝缘检测，即检测 DC 线路的绝缘性能，保证后续充电过程的安全性。绝缘检测结束后，充电桩通过泄放回路快速将残余电压泄放以避免对人体产生伤害，并断开 K1、K2，同时开始发出信号。

3）充电准备就绪阶段：紧接着就是电动汽车与直流充电桩相互配置的阶段，车辆控制 K5、K6 闭合，使充电回路导通，充电桩检测到车辆端电池电压正常（电压与通信报文描述的电池电压误差 ≤ ±5%，且在充电桩输出最大、最小电压的范围内）后闭合 K1、K2，此时直流充电线路导通，电动汽车准备开始充电。

4）充电阶段：在充电阶段，车辆向充电桩实时发送电池充电需求的参数，充电桩将根据该参数实时调整充电电压和电流，并相互发送各自的状态信息（充电桩输出电压电流、车辆电池电压电流、SOC 等）。

5）充电结束阶段：车辆会根据 BMS 是否达到充满状态或收到充电桩发来的"充电桩中止充电信号"来判断是否结束充电。满足以上充电结束条件，车辆会发送"车辆中止充电信号"，在确认充电电流小于 5A 后断开 K5、K6。充电桩在达到操作人员设定的充电结束条件，或者收到汽车发来的"车辆中止充电信号"，会发送"充电桩中止充电信号"，并控制充电桩停止充电，在确认充电电流小于 5A 后断开 K1、K2，并再次打开泄放回路，然后再断开 K3、K4，充电正式结束。

2. 交流高压充电（慢充）的工作原理

交流充电桩通过车载充电机为电池充电，相对于直流充电桩而言，交流充电桩成本低、结构简单、充电方便。交流充电系统主要是将交流充电桩的充电接头接入交流充电口，通过车载充电机将 220V 交流电转为直流电给动力电池充电。当车辆处于交流充电模式下，车载充电机检测交流充电口充电枪的 CC 插入信号、CP 导入信号，并唤醒 BMS，BMS 唤醒车载充电并发送充电指令，同时闭合主继电器，动力电池开始充电，能量传递路线如图 2-87 所示。

- 充电控制流程

交流充电系统在进行充电或停止过程中，需要按照一定的流程来执行，如

图 2-88 所示。交流充电桩输出由 7 根线组成，分别是交流电源 L；中线 N；设备地线 PE；充电连接确认 CC；控制确认 CP；备用端子 NC1、NC2。

图 2-87　交流充电能量传递路线

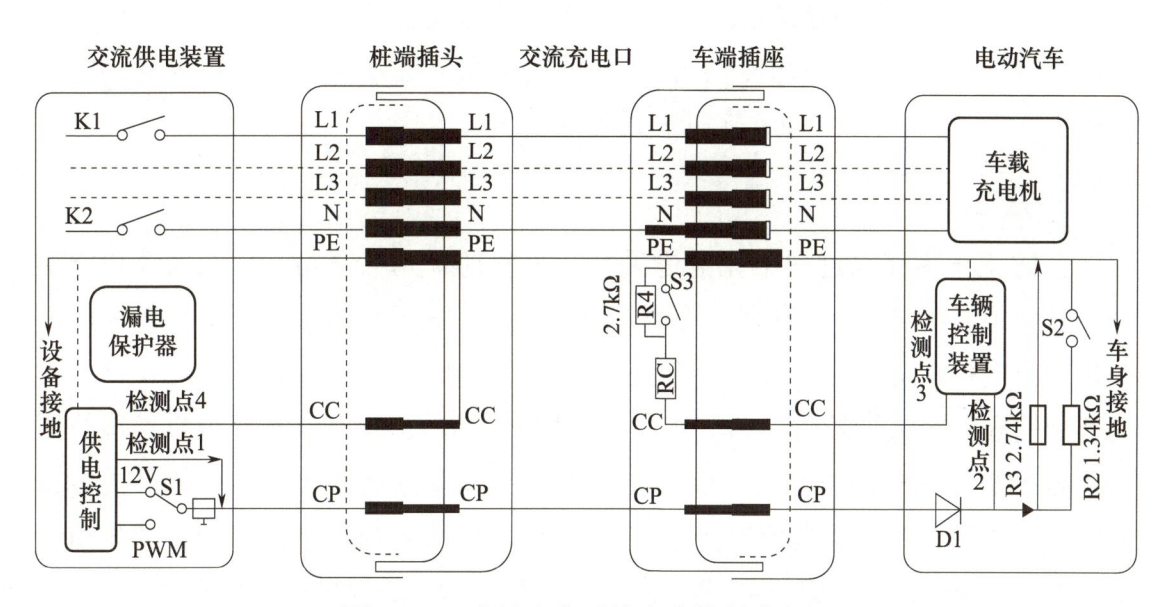

图 2-88　交流充电系统充电控制流程图

NC1、NC2 为备用端子，不参与工作，所以实际工作的只有 5 根线。交流充电控制流程相对简单，为便于理解，对吉利帝豪 EV450 的交流充电流程进行简化，将其分为以下 5 个阶段。

1）供电接口插头与插座检测阶段：PE 端子接触，L、N 端子连接，CC、CP 端子连接，检测点 4 连接，接地导通，通过 CC 信号确定充电枪已连接。

2）车辆接口插头与插座检测阶段：PE 端子接触，L、N 端子连接，CC、CP 端子连接，S3 开关处于断开状态，充电桩端连接完毕，检测点 3 与接地的电阻由 R4 和 RC 组成，车辆端连接完毕，S3 闭合，检测点 3 与接地的电阻由 RC 组成，充电枪为连接状态。

3）确定额定电流阶段：检测点 1 的电压从 12V 变为 9V，充电桩检测到充电枪已连接。S1 切换到 PWM 端，检测点 1 的信号由 9V 直流信号转变为 PWM 信号，通过检测点 2 确认充电额定电流，表示充电设备进入准备就绪状态。

4）检测动力电池故障阶段：检测动力电池是否有充电故障，若无故障，闭合 S2，准备就绪，检测点 S1 由 9V PWM 信号变为 6V PWM 信号。检测无问题后，闭合 K1、K2，开始充电。

5）充电结束阶段：车辆会根据 BMS 是否达到充满状态或收到充电桩发来的"充电桩中止充电信号"来判断是否结束充电。满足以上充电结束条件，车辆会发送"车辆中止充电信号"，在确认充电电流小于 5A 后断开 S2。充电桩在达到操作人员设定的充电结束条件，或者收到汽车发来的"车辆中止充电信号"，会发送"充电桩中止充电信号"，并控制充电桩停止充电，在确认充电电流小于 5A 后断开 K1、K2，充电正式结束。

3. 充电锁

为防止车辆充电过程中充电枪丢失，车辆具有充电锁功能。充电锁功能控制原理如图 2-89 所示，当充电枪插入充电口后，只要驾驶人按下智能钥匙闭锁按钮，充电枪防盗功能将开启，车身控制器（Body Control Module，BCM）收到智能钥匙的闭锁信号后，通过 CAN 总线将该信号传递到车载充电机，车载充电机将控制充电枪锁止电机，锁止充电枪，此时充电枪无法拔出。如果拔出充电枪，需先按下智能钥匙解锁按钮，解锁充电枪。在吉利帝豪 EV450 纯电动汽车中，如果电动解锁失效，可通过机舱左前照灯附近的机械解锁拉索解锁。

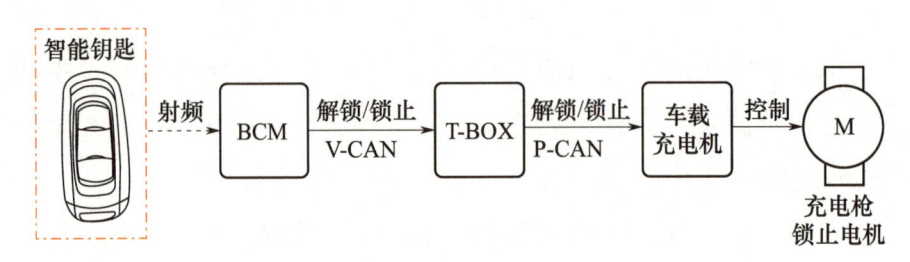

图 2-89 充电锁功能控制原理

4. 低压充电

低压充电系统的功能是为全车低压用电设备供电，同时为低压蓄电池充电。纯电动汽车的大部分用电设备都是由低压蓄电池供电的，包括高压部分的控制模块也需要低压蓄电池提供工作电源。高压上电前，低压电路系统依赖 12V 铅酸电池供电，当高压上电后，DC/DC 变换器将动力电池的高压直流电转换成低压直流电为 12V 铅酸电池充电,如图 2-90 所示。

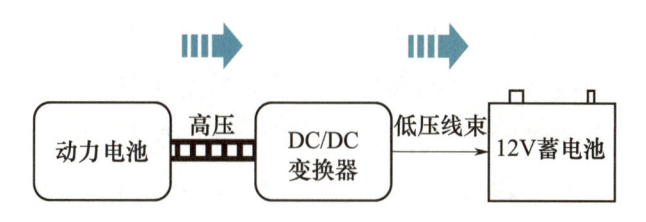

图 2-90　低压充电能量传递路线

低压充电系统的工作原理如图 2-91 所示。点火开关打开到 ON 档时,VCU 进行自检,自检通过后,向 DC/DC 变换器提供一个 12V 的使能电压。DC/DC 变换器得到使能信号后开始启动工作,把输入的高压直流电变压后给低压蓄电池充电并作为电源为车上的电子元件和控制系统供电。当车辆控制模块或 DC/DC 变换器检测到系统有故障时,控制仪表上的低压充电故障指示灯点亮。

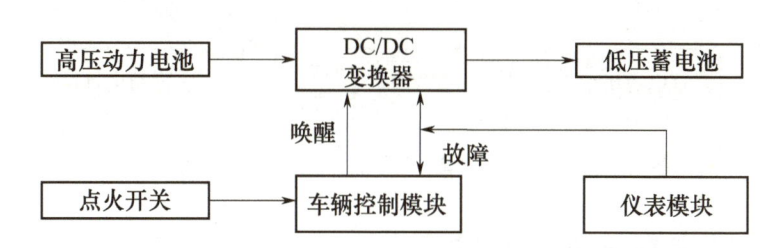

图 2-91　低压充电系统工作原理

5. 智能充电

长期停放的车辆容易造成低压蓄电池亏电,低压蓄电池严重亏电将会导致车辆无法启动上电。为避免这一问题,吉利帝豪 EV450 纯电动汽车具有智能充电功能。车辆停放过程中 VCU 将持续对低压蓄电池电压进行监测,当电压低于设定值时,VCU 将唤醒 BMS,同时 VCU 也将控制 DC/DC 对低压蓄电池进行充电,防止低压蓄电池亏电,如图 2-92 所示。

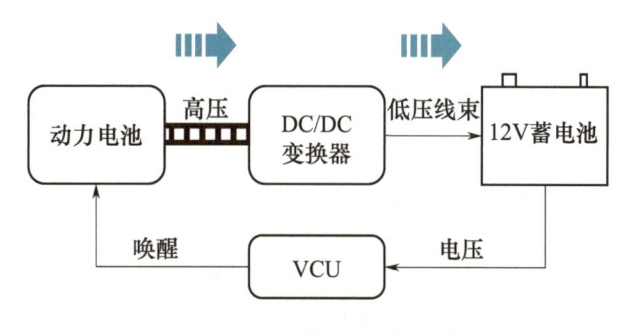

图 2-92　智能充电控制路线

6. 能量回收

能量回收是指在车辆滑行或制动过程中，驱动电机从驱动状态转变成发电状态，将车辆的动能转换为电能储存在动力电池中。车辆在滑行或制动时，VCU 根据当前动力电池状态、电机状态以及加速踏板和制动踏板的位置状态，计算能量回收转矩并发送指令给电机控制器，启动能量回收。能量回收过程中电机消耗车轮旋转的动能，产生的交流电再输出给电机控制器，电机控制器将交流电转换成直流电给动力电池充电，传递路线如图 2-93 所示。

⚠ **注意** 动力电池电量过高、车速较高或较低、车辆故障时，VCU 可能会停止能量回收，此时减速感觉可能变弱。

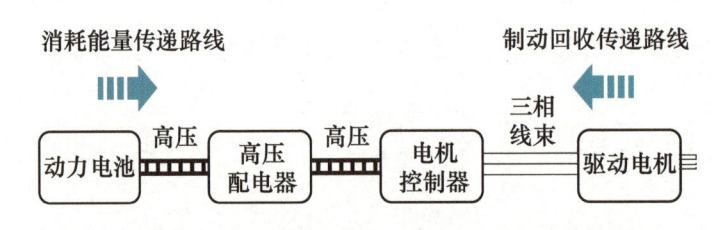

图 2-93 制动能量回收与能量消耗传递路线

二、纯电动汽车无法充电的原因

纯电动汽车不能充电的主要原因有车辆外部设备故障、车载充电设备故障、VCU 故障、动力电池故障和通信故障五个方面。

车辆外部设备故障：车辆充电时需要与外部设备进行连接，外部设备故障主要包括充电桩、充电连接线束和充电枪故障。

车载充电设备故障：车载充电设备故障主要包括交流充电插座、直流充电插座和车载充电机故障。

VCU 故障：车辆 VCU 发生故障时也会使车辆产生充电异常现象。无论直流充电还是交流充电，都需要 VCU 接收到充电连接信号和充电确认信号，并通过 CAN 总线和 BMS 进行通信。VCU 的故障主要包括 VCU 未上电、VCU 通信故障和 VCU 元件损坏。

动力电池故障：动力电池故障主要包括 BMS 故障、接口故障、电池内部传感器故障和电池自身硬件故障。

通信故障：纯电动汽车采用总线通信，当 CAN 总线发生故障时，会导致充电系统不能唤醒。

近20年来，随着各种科学技术的高速发展，电动汽车的许多技术难点逐渐得到了解决，电动汽车迎来了新的购买热潮。然而，电动汽车的发展并不是一直顺风顺水，而是经历了异常艰辛的发展历程。电动汽车历史悠久，它的发展史甚至比燃油汽车还要长。世界上第一辆机动车就是1834年诞生的第一辆电动汽车，它比1886年问世的世界上第一辆内燃机汽车，要早半个世纪，但由于早期电动汽车技术未完善，存在续驶能力差、充电慢、电池难以维护等问题而无法大面积普及。回顾电动汽车的发展历程，印证了汽车行业在电气化技术方面的努力，以及科技与时代的碰撞，这是几代人一起坚持科技创新的结果。

三、高低压充电系统的常见故障排除流程

1. 高压充电系统常见故障排除流程

（1）检查线束连接情况　首先按照高压作业要求，穿戴好绝缘防护装备，做好高压安全防护工作。关闭点火开关，断开蓄电池负极5~10min后，检查线路连接情况。检查是否连接交流电源、充电枪是否完好、充电枪与充电插座是否连接牢靠、车载充电机的线束插头是否正确连接、电池包的插头是否正确连接。若以上没有问题则进行下一步检测。

（2）利用诊断仪进行故障诊断　首先查看插枪充电时组合仪表是否点亮充电连接指示灯，若没有，则说明充电连接信号CC、CP可能出问题；若车辆充电插座上的红色故障指示灯常亮，表明充电系统初始化自检没有通过。利用诊断仪进行故障诊断，先清除历史故障码，然后分别检查各系统模块是否有故障码。

（3）确定故障现象　查阅维修手册，找出相应故障码所代表的含义；结合车主的描述与自身的观察，并根据故障码信息，确定故障现象。

（4）维修故障点　维修故障点，清除系统的故障码，再次连接充电枪，充电插座的绿色指示灯开始闪烁，表明系统正在充电，同时组合仪表的充电连接指示灯点亮，并且显示充电信息、充电电流电压和剩余时间，表明充电系统正常，至此故障排除。

2. 低压充电系统常见故障排除流程

（1）判断 DC/DC 直流电源转化模块是否工作

第一步，保证整车线束正常连接的情况下，将点火开关置于 OFF 档，断开所有用电器并拔出钥匙，使用专用万用表电压档位测量低压蓄电池的电压，并记录。

第二步，将点火开关置于 ON 档位置，使用专用万用表电压档位测量低压蓄电池的电压，这时所测的电压值是 DC/DC 输出的电压。若 DC/DC 输出电压为 13~14V，判断为 DC/DC 直流电源转化模块正常工作。注意：车上用电设备未关闭会影响测量结果，测量前确保已关闭车上的用电设备。

（2）读取故障码，对 DC/DC 低压端信号线各信号进行检测　按照维修手册，做好新能源车辆维修操作安全防护。首先通过诊断仪读取故障码，识别到故障码后，对 DC/DC 低压端信号线各信号进行检测。纯电动汽车常见低压端信号线为供电端子、使能信号端子、接地端子。检测前先确认插件是否完好、插针是否退位、插件连接是否正常。

1）检查 DC/DC 正极。拔下低压插件，用万用表直流电压档测量供电端脚与蓄电池负极之间的电压，应有 12V 蓄电池电压；如无电压，则检查前机舱熔丝盒 DC/DC 低压供电端熔丝是否烧坏，如熔丝正常，则检查供电端熔丝与插件供电端脚线路是否导通。

2）检查 DC/DC 负极。拔下低压插件，用万用表电阻档测量接地端脚与车身搭铁之间是否导通；如不导通，则排查线束与针脚退位。

3）检查 DC/DC 使能信号。拔下低压插件用万用表直流电压档测量使能信号端脚与蓄电池负极之间的电压，应该有 12V 电压；如无电压，则用万用表电阻档，测量使能信号端脚与整车控制器对应端脚之间是否导通。

（3）对 DC/DC 输入与输出进行检测

1）检查 DC/DC 高压输入。熔断器的检测步骤：先将点火开关旋至 OFF 档，取下蓄电池负极接线柱，取下低压端线束插头，然后取下直流高压插件，之后再打开 PDU 盒体，确认高压熔断器是否完好。使用万用表电阻档测量熔丝两端的电阻，如果电阻值小于 10Ω，则熔断器完好。

2）检查 DC/DC 低压输出。检测前先确认正负输出线束与插接件是否完好，连接是否良好，没有松动、短路等现象。拆下 DC/DC 正极输出，万用表红表笔接 DC/DC 正极输出端，黑表笔接蓄电池负极，将点火开关旋至 ON 档，维持至少 15s 后正常电压应为 12~16V。

> **技能链接**

随着国家政策的大力扶持以及人们环保意识的提高，越来越多的人选择购买新能源汽车。用户在新能源汽车使用的过程中，会遇到各种各样的问题，其中之一便是充电问题。而充电问题并非单一原因造成，和整个充电过程都有关联，充电过程涉及电网、充电桩、充电连接部分以及电动汽车车载充电系统等，任何一个部分出现问题都会影响正常充电。因此需要对充电系统进行定期检修。

一、执行工作准备

1）执行场地防护。
2）执行人身防护。
3）检查设备和工具。
- 维修手册。
- 万用表。
- 诊断仪。

4）记录车辆信息。
5）执行车辆防护。

二、检视系统部件

- 检查充电口、充电枪、充电插座是否接合紧固。
- 检查车载充电机的高低压线束是否破损、断裂。
- 检查车载充电机的高低压线束插接器是否接合牢固。

三、检测系统部件

1. 检查车辆工作情况

启动汽车，使车辆处于 Ready 状态，如图 2-94 所示。
检查蓄电池电压，用万用表电压档测量蓄电池电压，如图 2-95 所示，标准电压：11~14V。

图 2-94　车辆处于 Ready 状态

图 2-95　测量蓄电池电压

2. 确定车辆故障现象

打开充电口盖，将充电枪与充电插座进行连接，发现充电口指示灯未亮（图 2-96），仪表盘上的充电连接指示灯未点亮（图 2-97）。

图 2-96　充电口指示灯

图 2-97　充电连接指示灯

3. 读取故障信息

连接诊断仪，操作点火开关至 ON 状态。

打开诊断仪，选择"故障诊断"—"选择车型"—"充电控制器 OBC"，开始读取故障码，清除历史故障码，并再次读取故障码，如图 2-98 所示。若无故障码则读取数据流，如图 2-99 所示，诊断仪显示"充电枪连接检测未连接"；结合故障现象，分析充电连接信号 CC 或 CP 可能出现问题。

图 2-98　读取故障码

图 2-99　读取数据流

四、检修系统部件

1. 检修 CC—PE 端子

(1) 测量 CC—PE 电压　将点火开关置于 ON 档；如图 2-100 所示，测量 CC—PE 之间的电压，标准电压为 10~13V；若出现测量电压为 0V，则进行下一步操作。

(2) 测量 CC 端子与车载充电机线束插接器端子电阻　如图 2-101 所示，用万用表电阻档测量 CC 端子与车载充电机低压线束插接器 BV10-39 端子（CC 信号检测）之间的电阻值，标准电阻为小于 1Ω。

图 2-100　测量 CC—PE 之间电压

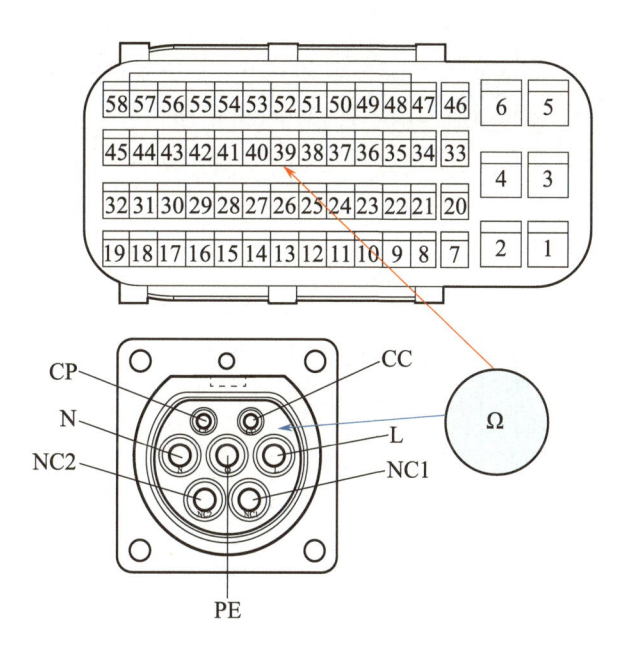

图 2-101　测量 CC—PE 之间端子电阻

若阻值为无穷大，则说明 CC 与车载充电机低压线束插接器 BV10-39 端子之间线路断路，需要更换线束。

2. 检修 CP—PE 端子

(1) 测量 CP—PE 电压　如图 2-102 所示，用万用表电压档测量 CP 端子与 PE 端子之间的二极管压降，标准压降：1~2V。如 CP 与 PE 端子电压为 0V，则进行下一步操作。

图 2-102　测量 CP—PE 之间电压

（2）检测 CP 与车载充电机线束插接器端子电阻　将点火开关置于 OFF 档；断开蓄电池负极；断开车载充电机低压线束插接器 BV10；如图 2-103 所示，用万用表电阻档测量 CP 端子与车载充电机低压线束插接器 BV10-50 端子（CP 信号检测）之间的电阻值，标准电阻：小于 1Ω。

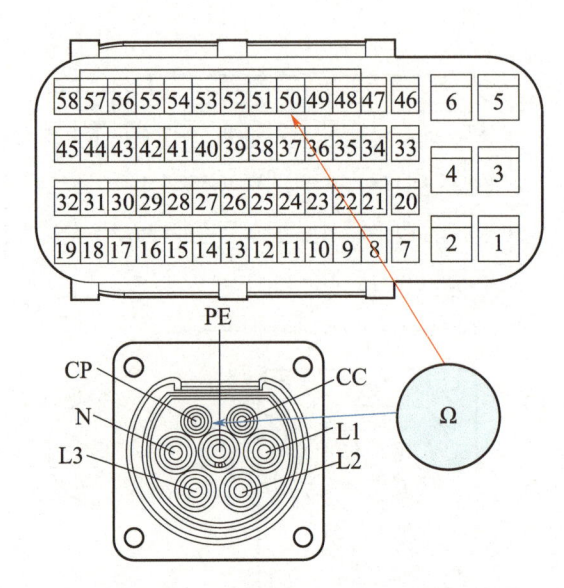

图 2-103　测量 CP—PE 之间电阻

若阻值为无穷大，则说明 CP 与车载充电机低压线束插接器 BV10-50 之间线路断路，需要更换线束。

五、复检验收车辆

1）车辆标准上电。

2）竣工检验。

连接诊断仪，读取车辆故障码、数据流。

打开充电口盖，连接充电枪，检查充电指示灯。

3）整理清扫。

素养养成

- 执行工作准备阶段

在执行工作准备阶段，认真学习电动汽车充电系统维修故障作业所需的基础知识，明确检查设备和工具、执行场地防护、执行车辆防护、执行人身防护、记录车辆信息五个工作环节的具体要求，能够处理在执行电动汽车充电系统维修保养作业准备过程中遇到的困难，自主冷静思考，养成分析问题和解决问题的能力。

- 检视系统部件阶段

在检视系统部件阶段，理解掌握车辆标准下电，安全举升车辆，检查高低压充电装置外观、充电口、充电枪、车载充电机和与其连接的线束插接器外观以及连接处是否紧固无松脱、损坏，清洁灰尘杂物等工作环节的具体要求，此项任务责任重大，需要进行全面的检视，切忌遗忘部件，所以在执行任务的过程中需要严于律己、注重团队配合，养成团队协作、爱岗敬业的职业素养。

- 检测系统部件阶段

在检测系统部件阶段，掌握检测充电系统故障的方法及使用诊断仪对充电系统进行数据读取的方法，能够结合故障现象分析无法充电的原因。检测的准确与否直接影响汽车正常工作状况，所以在日常工作中，要具备严谨规范、精益求精的工作态度。

- 检修系统部件阶段

在检修系统部件阶段，能够判断车载充电机各线束插接器的工作状态，检测CC、CP信号状态并掌握更换线束的方法。在日常工作中，面对不同损耗状态的充电系统零件，需要诚恳、真实地告知车主，并且根据实际情况给出最优维修方案，所以在工作中应具备诚信友善、追求创新的职业精神。

- 复检验收车辆阶段

在复检验收车辆阶段，需要掌握安全降落车辆、车辆标准上电、启动车辆、整理清扫的理论知识，并能付诸实际操作中。随着技术的发展进步，汽车更新迭代迅速，作为一名未来汽车维修工作从业者，在面对不同的车型时，需要能懂、能开、能修，这就要求我们具备终身学习的意识。

项目三 电池管理系统的检修

电池管理系统是电动汽车动力电池的"大脑",实时监测并保护着动力电池,控制动力电池的能量输出,对电动汽车的安全运行具有重要意义。高压绝缘故障诊断、高压互锁故障诊断、电池管理系统电源故障诊断是电动汽车售后岗位的三大典型工作任务。

本项目核心任务融通情况如下所示。让我们行动起来吧!

学习任务一 高压绝缘故障诊断 → **学习任务二** 高压互锁故障诊断 → **学习任务三** 电池管理系统电源故障诊断

学习任务一	学习任务二	学习任务三
• 倾听客户诉求,问诊车辆故障	• 倾听客户诉求,问诊车辆故障	• 倾听客户诉求,问诊车辆故障
• 查阅资料,确认故障现象	• 明确高压互锁工作原理	• 明确电池管理系统安装位置
• 高压绝缘系统的检测过程	• 明确高压安全策略	• 明确电池管理系统构成
• 使用高压绝缘检测设备	• 检测高压互锁线路	• 读取故障信息
• 检视高压母线外观情况	• 检测高压互锁电压	• 查阅电池管理系统电源电路图
• 检视高压母线绝缘性	• 检测高压互锁接地电阻	• 判断直流电源转化模块工作状况
• 检测回路相互短路故障	• 排除相关故障	• 查找BMS插接器和搭铁点位置
• 检测高压母线导通性	• 执行复检验收车辆工作	• 检查BMS模块熔丝
• 检测高压母线屏蔽层接地情况		• 检查BMS模块线束插接器
• 执行复检验收车辆工作		• 执行复检验收车辆工作

学习任务一　高压绝缘故障诊断

任务导入

一辆 2018 款的吉利帝豪 EV450 无法正常行驶，使用诊断仪进行故障诊断，确认为车辆高压绝缘故障，请你作为维修技师进行具体故障确认，并进行维修。

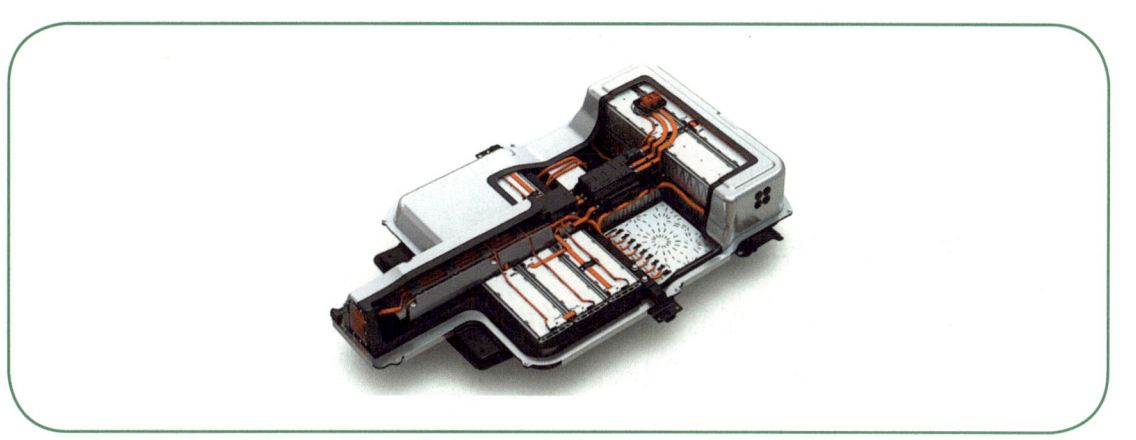

知识目标

- 能够识别高压母线的结构与组成。
- 能够掌握高压配电系统的结构与组成。
- 能够掌握高压绝缘检测的原理。

技能目标

- 能够检测动力电池供电线路绝缘阻值。
- 能够检测动力电池充电线路绝缘阻值。
- 能够利用万用表判断高压母线的导通性能。

素养目标

- 能够具备分析问题和解决问题的能力。
- 能够养成团队协作、爱岗敬业的职业素养。
- 能够具备严谨规范、精益求精的工作态度。
- 能够具备诚信友善、追求创新的职业精神。
- 能够具备终身学习的意识。

✏️ 重点

➢ 诊断高压绝缘故障。
➢ 掌握绝缘电阻测试仪的使用方法。
➢ 掌握万用表的使用方法。

✏️ 难点

➢ 能够利用绝缘电阻测试仪判断高压母线的绝缘性能。
➢ 能够利用万用表判断高压母线的导通性能。

知识链接

一、高压配电系统

在电动汽车上,高压配电系统主要负责车辆的起动、行驶、充放电等,主要包括电池系统、驱动电机、高压配电箱、充电系统等。高压配电系统有专门的绝缘检测单元,能实时检测车辆高压配电系统的动态,并迅速做出判断,确保高压电路安全、可靠。各控制单元通过内部绝缘检测电路及单元对高压部件电路绝缘状态实施监测,如果这些状态发生异常,各控制单元会根据检测到的信号状态产生一个相对应的故障码,同时会将这个信息通过 CAN 总线发送至组合仪表控制单元,仪表控制单元通过文字或指示灯提醒警告驾驶人系统异常,注意行车安全,如图 3-1 所示。

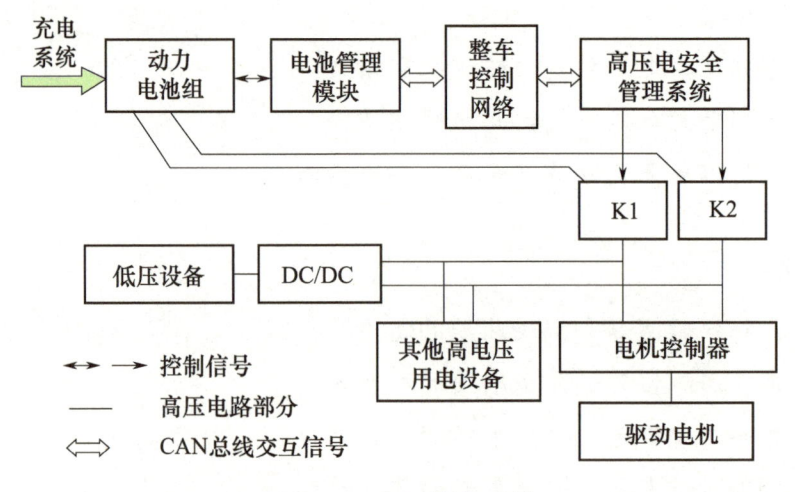

图 3-1 高压配电系统

二、高压绝缘检测的原理

根据国家安全电压标准的要求，人体的安全电压是指不能使人直接致死或致残的电压，一般环境条件下允许持续接触的"安全特低电压"是直流 36V。电动汽车动力电池输出的直流电压区间已远远超过了安全电压，因此，国家的电动汽车安全标准对人员的触电防护提出了明确的要求，其中包括对绝缘电阻值的最低要求。

动力电池绝缘电阻指的是，若动力电池与车身公共地之间某处发生短路，最大的漏电流值相对的阻值。在现实情况下，由于车辆的振动、绝缘漆、冷却液和电解液的潜在影响，动力电池包正负极母线对于底盘都有各自的绝缘电阻，电动汽车电池包绝缘电阻的取值以正负母线绝缘电阻值较小的为准。

当母线的一边和底盘发生短路时，泄漏电流的大小由另一边地对底盘的电阻决定，无论哪一侧发生对地短路，电阻值越小意味着电流越大，当电流超过人体的安全阈值时，将会发生触电危险。根据国家标准的规定，动力系统检测阶段最小瞬间绝缘电阻为 $0.5\text{k}\Omega/\text{V}$。各整车厂开发的纯电动汽车，则应根据各自设定的电压等级来确定动力系统的绝缘电阻警告阈值。

动力电池系统的绝缘电阻测量，主要有两类方法。一类是交流信号注入法，另一类是外接电阻法。当前讨论最多的外接电阻测量法如图 3-2 所示，其原理为：状态 1，全部断开两个开关 S1、S2，用电压表测量正负极对地电压；状态 2，开关设置在外接小电阻电路上，闭合 S1、断开 S2，再次测量正极对地和负极对地电压。

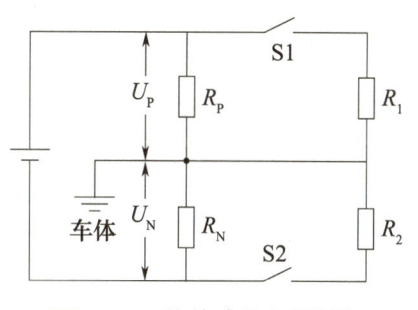

图 3-2 绝缘电阻测量原理

陈清泉，中国香港第一位中国工程院院士。

1982 年，在香港任教的他预判出电动汽车的发展前景，以此为研究方向，希望帮助祖国抓住机遇。他创造性地把汽车、电机、控制等技术融合到一起，形成一门全新学科。幼时经历动荡的他，渴望为祖国贡献力量。

> 技能链接

一、执行工作准备

1）执行场地防护。
- 设置警戒带和高压电警示牌。
- 检查灭火器。
- 检查绝缘垫。
- 安装车轮挡块。

2）执行人身防护。
- 穿戴绝缘服。
- 穿戴绝缘鞋。
- 穿戴绝缘手套。
- 佩戴绝缘头盔。
- 穿戴护目镜。

3）检查设备和工具。除需准备吉利帝豪 EV450 维修手册、举升机、万用表、诊断仪等，还需准备绝缘电阻测试仪，用于测量导体、等电位连接。

4）记录车辆信息。

5）执行车辆防护。
- 安装车辆绝缘翼子板布和格栅垫。
- 安装车内四件套。

二、检视系统部件

戴上绝缘手套，检查高压接头是否有松动、高压部件是否有损坏。

三、检测系统部件

1）确认车辆故障现象。根据客户反映，启动车辆，确认车辆存在的故障现象；仪表显示：车辆无法上高压电。

2）读取故障信息。将点火开关置于 ON 状态；连接故障诊断仪，读取系统故障码；确认系统是否存在其他故障码。

3）查阅维修手册。翻阅维修手册目录，查找"电机控制器回路故障"所在

（高压绝缘故障诊断）

目录；根据目录查找电机控制器回路电路图。

4）车辆标准下电。

5）切断高压回路。断开直流母线；断开动力电池高压线束插接器 BV16；等待 5min；用万用表检测 BV16 端子 1 与端子 2 之间的电压，标准电压 ≤ 5V。注意，端子 1 与端子 2 距离较近，严禁万用表表笔短接和触碰任何非目标测量金属部件，并佩戴绝缘手套。BV16 插接器如图 3-3 所示。

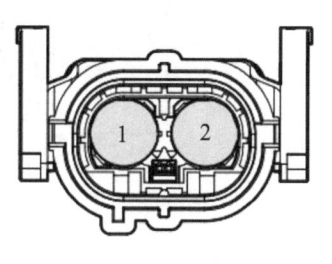

图 3-3　BV16 插接器

6）检测动力电池供电线路绝缘阻值。拆卸动力电池高压线束插接器 BV16，将绝缘电阻测试仪的档位调至 1000V。

用绝缘电阻测试仪测量动力电池高压线束插接器 BV16 的 1 号端子与车身接地之间的电阻，标准电阻：大于或等于 20MΩ。

用绝缘电阻测试仪测量动力电池高压线束插接器 BV16 的 2 号端子与车身接地之间的电阻，标准电阻：大于或等于 20MΩ。

确认测量值是否符合标准。

7）检测动力电池充电线路绝缘阻值。如图 3-4 所示，拆卸动力电池高压线束插接器 BV23；将绝缘电阻测试仪的档位调至 1000V。

用绝缘电阻测试仪测量动力电池高压线束插接器 BV23 的 1 号端子与车身接地之间的电阻，标准电阻：大于或等于 20MΩ。

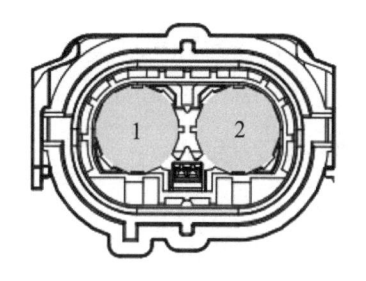

图 3-4　BV23 插接器

用绝缘电阻测试仪测量动力电池高压线束插接器 BV23 的 2 号端子与车身接地之间的电阻，标准电阻：大于或等于 20MΩ。

确认测量值是否符合标准。

8）导通性检测。用万用表电阻档测量高压母线两端的电阻值，即测量直流母线线束插接器 BV16 端子 1 和接 OBC 分线盒线束插接器 BV17 端子 1 之间的电阻，以及直流母线线束插接器 BV16 端子 2 和接 OBC 分线盒线束插接器 BV17 端子 2 之间的电阻；标准电阻：小于 1Ω，如图 3-5 所示。

9）测量高压母线屏蔽层接地情况。用万用表电阻档测量高压母线屏蔽层与车身之间电阻；标准电阻：小于 1Ω。

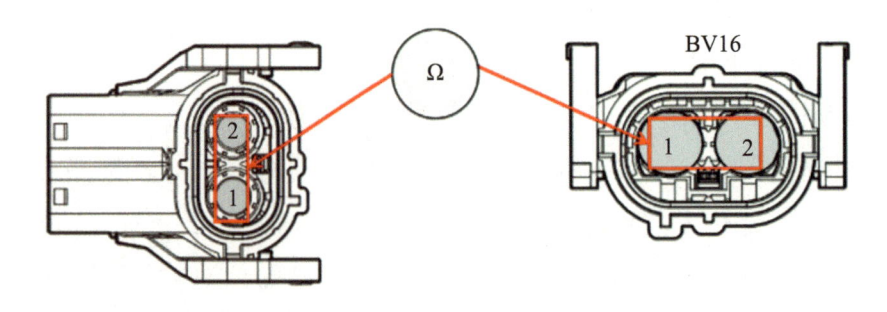

图 3-5 导通性检测

四、检修系统部件

根据上述排故过程中出现的实际问题，进行相应高压绝缘线路的维修，确认测量值是否符合标准，不符合标准则维修或更换线束。

五、复检验收车辆

1）竣工检验。把高压母线包裹的绝缘胶布去除，将所有元器件及连接线复位。

2）整理清扫。

> **素养养成**

- 执行工作准备阶段

在执行工作准备阶段，认真学习检查设备和工具、执行场地防护、执行车辆防护、执行人身防护、记录车辆信息五个工作环节的具体要求，能够处理在执行高压绝缘故障诊断过程中遇到的困难，自主冷静思考，养成分析问题和解决问题的能力。

- 检视系统部件阶段

在检视系统部件阶段，理解掌握检查高压接头是否有松动、高压部件是否有损坏的具体要求，此项任务工作量小但责任重大，需要进行全面的检视，切忌遗忘部位，所以在执行任务的过程中需要严于律己、注重团队配合，养成团队协作、爱岗敬业的职业素养。

- 检测系统部件阶段

在检测系统部件阶段，理解掌握确认车辆故障现象、读取故障信息、查阅维修手册、车辆标准下电、切断高压回路、检测动力电池供电线路绝缘阻值、检测动力电池充电线路绝缘阻值、导通性检测、测量高压母线屏蔽层接地情况的方法，高压绝缘在检测过程中能够放出上千伏的高压电，并且其测量数据的准确与否直接影响工作安全，所以在日常工作中，要具备严谨规范、精益求精的工作态度。

- 检修系统部件阶段

在检修系统部件阶段，需要掌握高压绝缘故障诊断的方法。在日常工作中，面对不同损耗状态的高压线束，需要诚恳、真实地告知车主，并且根据实际情况给出最优维修方案，所以在工作中应具备诚信友善、追求创新的职业精神。

- 复检验收车辆阶段

在复检验收车辆阶段，需要掌握安全降落车辆、车辆标准上电、启动车辆、整理清扫的理论知识，并能付诸实际操作中。随着技术的发展进步，汽车更新迭代迅速，作为一名未来汽车维修工作从业者，在面对不同的车型时，需要能懂、能开、能修，这就要求我们具备终身学习的意识。

学习任务二　高压互锁故障诊断

任务导入

一辆 2018 款的吉利帝豪 EV450 已行驶 2 万 km，客户反映汽车在行驶过程中突然无法加速，行驶速度减慢，高压系统故障灯点亮。使用诊断仪读取故障码报高压互锁故障，高压互锁是电动汽车安全行驶的保证。因此，现需对高压互锁故障进行诊断，明确故障点并进行排除。请你作为维修技师完成此项任务。

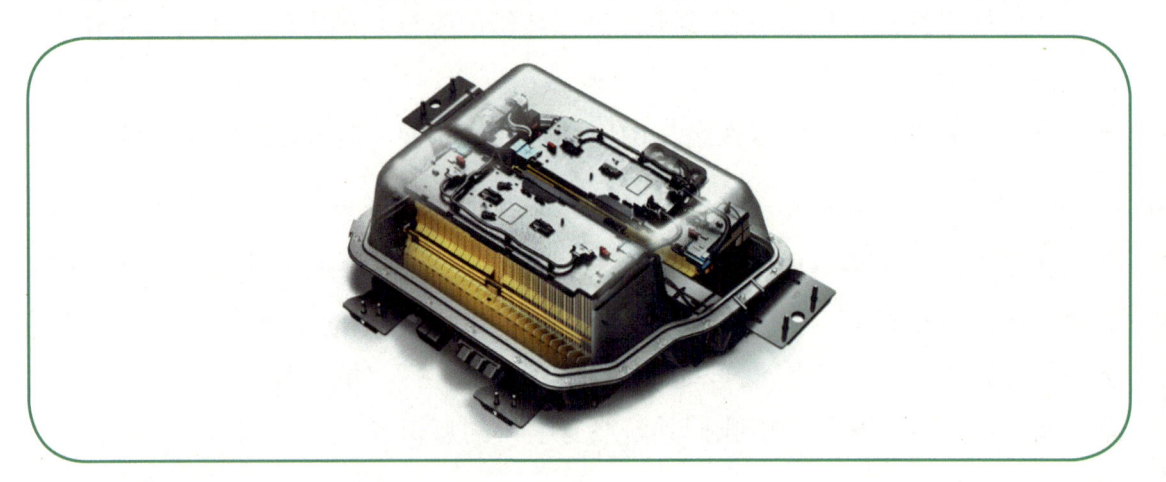

知识目标

- 能够理解高压互锁的作用。
- 能够简述高压互锁的原理。
- 能够掌握高压互锁回路的组成。
- 能够理解高压互锁的安全策略。

技能目标

- 能够执行高压互锁故障诊断作业准备。
- 能够分析高压互锁电路。
- 能够检测判断高压互锁故障。

素养目标

- 能够具备分析问题和解决问题的能力。

➢ 能够养成团队协作、爱岗敬业的职业素养。
➢ 能够具备严谨规范、精益求精的工作态度。
➢ 能够具备诚信友善、追求创新的职业精神。
➢ 能够具备终身学习的意识。

重点

➢ 高压互锁的作用。
➢ 高压互锁的原理。
➢ 高压互锁的安全策略。

难点

➢ 分析高压互锁电路。
➢ 检测判断高压互锁故障。

知识链接

一、高压互锁的定义

在 ISO 6469-3：2021《电动道路车辆 – 安全规范 – 第 3 部分：电气安全》中，规定车上的高压部件应具有高压互锁装置，但并没有详细地定义高压互锁系统。

高压互锁即危险电压互锁回路（Hazardous Voltage Interlock Loop，HVIL），是指通过使用电气信号，来检查整个高压产品、导线、插接器及护盖的电气完整性（连续性），识别到回路异常断开时，及时断开高压电。图 3-6 所示为电动汽车典型 HVIL 接口。

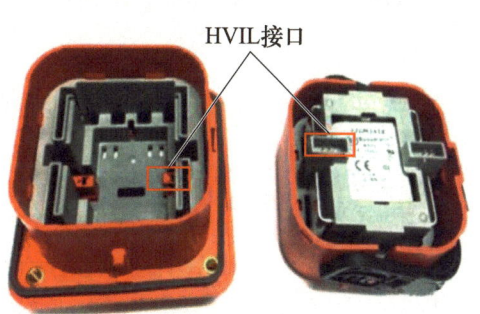

图 3-6 电动汽车典型 HVIL 接口

二、高压互锁的作用

新能源汽车的高压系统通常有上百伏以上电压和数十安培的电流在高压部件内运行，这对于新能源汽车维修的安全性是一个严重考验。为此，设计了高压互锁作为新能源汽车电气物理连接的安全保护机构，其作用表现在如下三个方面。

1）在车辆上电前发挥作用。若检测到电路不完整，则系统无法上电，避免因为虚接等问题造成事故。

2）在碰撞断电中发挥作用。碰撞信号通过触发高压互锁信号，执行系统下电，以保障驾乘人员的安全。

3）在售后维修中发挥作用。在进行高压部件的维修时，需要取下维修开关和高压部件，而维修开关中也集成了 HVIL 接口。这也意味着，取下维修开关或直接插拔高压线束会引起 HVIL 锁止，车辆无法上高压电，从而保障维修人员的安全。

三、高压互锁的原理

所有与动力电池相连的高压部件，其内部都有一个高压互锁插接器。该高压互锁插接器集成在电缆中或部件外壳中，各部件的互锁回路串联连接。一旦其中任意一个部件的高压互锁插接器断开，整个互锁回路将断开，继而切断高压回路。高压互锁有两个方面需要考虑，一是低压系统要能全面检测整个高压系统每个连接处的连接状态，二是实现低压检测回路的信息领先于高压回路断开的动作。在高压断开状态，低压回路被切断；在高压连接状态，低压回路被短接从而形成完整的低压回路并保持必要的提前量。图 3-7 所示低压端子回路比橙色的高压端子先接通、后断开。

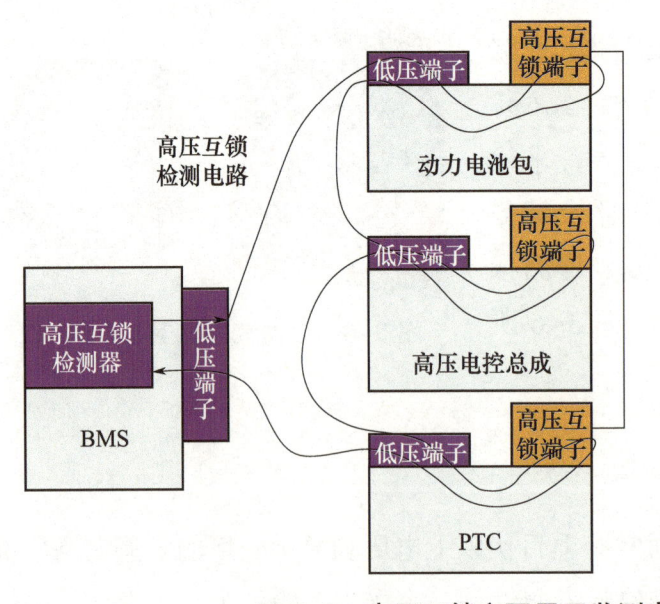

图 3-7 高压互锁主要用于监测高压部件

四、高压互锁电路的组成

1. 高压互锁回路的组成

图 3-8 所示是 2017 款比亚迪 E5 的高压互锁电路。其高压互锁电路由电池管理器、高压电池包、高压电控总成、PTC 模块等组成，并通过高压互锁电缆将这些高压部件的插接器串联。互锁监测设备是电池管理器，由其 BK45（A）/1 发出 PWM 方波后流入 PTC 模块的 B52/1 端子。随后流向高压四合一电控箱上的各个高压插接器，之后再进入动力电池包，最后由 BK45（B）/7 端子流回到 BMS。

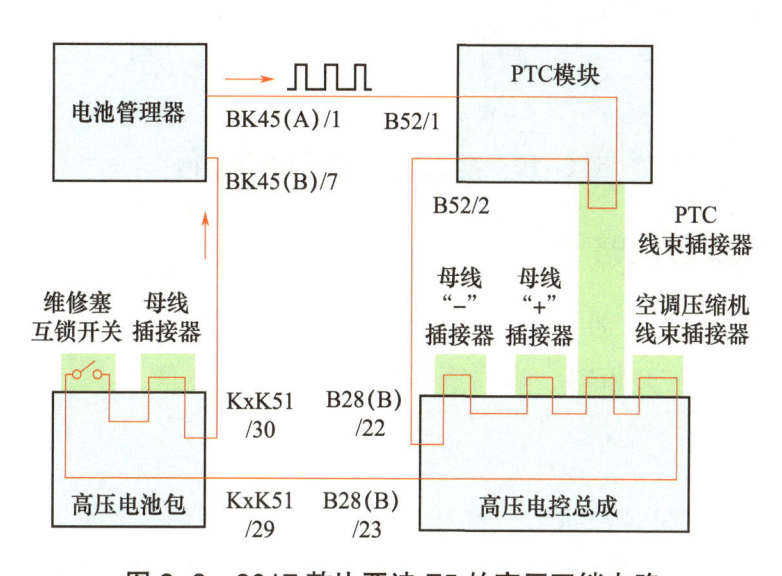

图 3-8 2017 款比亚迪 E5 的高压互锁电路

2. 高压互锁插接器结构

如图 3-9 所示，高压互锁插接器由低压端子（又称互锁端子）和高压端子（又称主回路端子）共同组成。

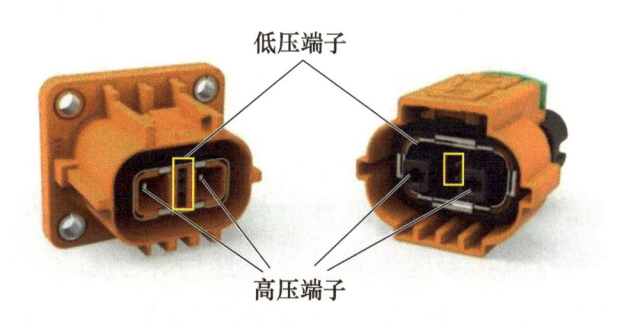

图 3-9 高压互锁插接器组成

低压端子包括两个针脚，当高压插接器插合后，两个针脚为连通状态；当高压插接器断开后，两个针脚为开路状态。即通过低压端子和高压端子的长度和位置差异，可实现连接时，先连接高压端子，再连接低压端子；断开时，先断开低压端子，再断开高压端子。高压互锁插接器内部结构如图 3-10 所示。

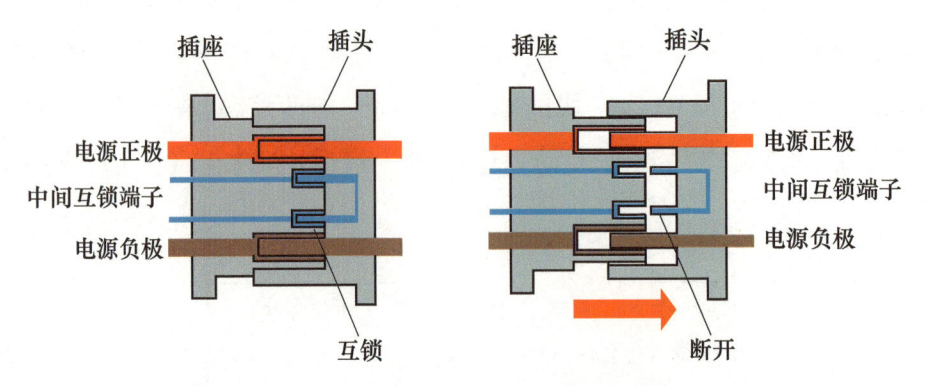

图 3-10　高压互锁插接器内部结构

五、高压安全策略

高压互锁系统在识别到危险时，控制器会根据危险时的行车状态及故障危险程度运用合理的安全策略，这些策略包括以下几点。

1. 故障报警

无论电动汽车在何种状态，高压互锁系统在识别到危险时，车辆应该对危险情况做出报警提示。需要仪表或指示器以声或光报警的形式提醒驾驶人，让驾驶人注意车辆的异常情况，以便及时处理，避免发生安全事故。

2. 切断高压源

当电动汽车在停止状态，高压互锁系统识别到严重危险情况时，除了进行故障报警，还应通知系统控制器断开自动断路器，使高压源被彻底切断，避免可能发生的高压危险，确保财产和人身安全。

3. 降功率运行

电动汽车在高速行车过程中，高压互锁系统识别到危险情况时，不能马上切断高压源，应首先通过报警提示驾驶人，然后让控制系统降低电机的运行功率，使车辆速度降下来，以使整车高压系统在负荷较小的情况下运行，尽量降低发生高压危险的可能性，同时也允许驾驶人能够将车辆停到安全地方。

广西汽车集团有限公司钳工郑志明当选2022年"大国工匠年度人物",这也是广西首位"大国工匠"。

二十多年磨一剑。1997年,郑志明进入广西汽车集团,成为一名学徒钳工,研磨、锉削、划线、钻削,年复一年,郑志明在与钢铁的对话中练就了精湛技艺,对零部件的加工精度可以控制在0.002mm,这相当于头发丝的1/40。

技能链接

高压互锁,通过低压回路来检测高压部件、导线和插接器的电气完整性或连通性。因此,高压部件应具有高压互锁装置来保护电动汽车安全行驶。

一、执行工作准备

1)执行场地防护。

设置警戒带和高压电警示牌。

- 检查灭火器。
- 检查绝缘垫。
- 安装车轮挡块。

2)执行人身防护。

- 穿戴绝缘服。
- 穿戴绝缘鞋。
- 穿戴绝缘手套。
- 佩戴绝缘头盔。
- 穿戴护目镜。

3)检查设备和工具。准备吉利帝豪EV450维修手册、万用表,诊断仪。

4)记录车辆信息。

5)执行车辆防护。

- 安装车辆绝缘翼子板布和格栅垫。
- 安装车内四件套。

高压互锁故障诊断

二、检视系统部件

戴上绝缘手套，拔下电源负极，检查高压接头是否有松动、高压部件是否有损坏、高压互锁回路是否完整无断裂。

三、检测系统部件

1. 确认车辆故障现象

根据客户反映，启动车辆，确认车辆存在的故障现象：如图 3-11 所示，仪表显示，车辆无法上高压电。

图 3-11　仪表显示故障

2. 读取故障信息

如图 3-12 所示，连接诊断仪，读取故障码：P1C4096 高压互锁故障。

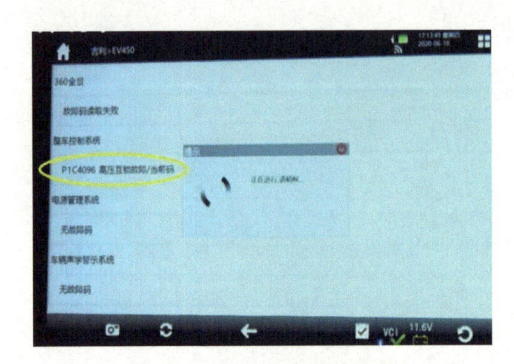

图 3-12　读取故障码

3. 查阅维修手册

1）翻阅电路图手册目录，查找"高压互锁"所在目录，如图 3-13 所示。

2）在电路图手册中找到"高压互锁"电路图所在位置，并进行识读分析。

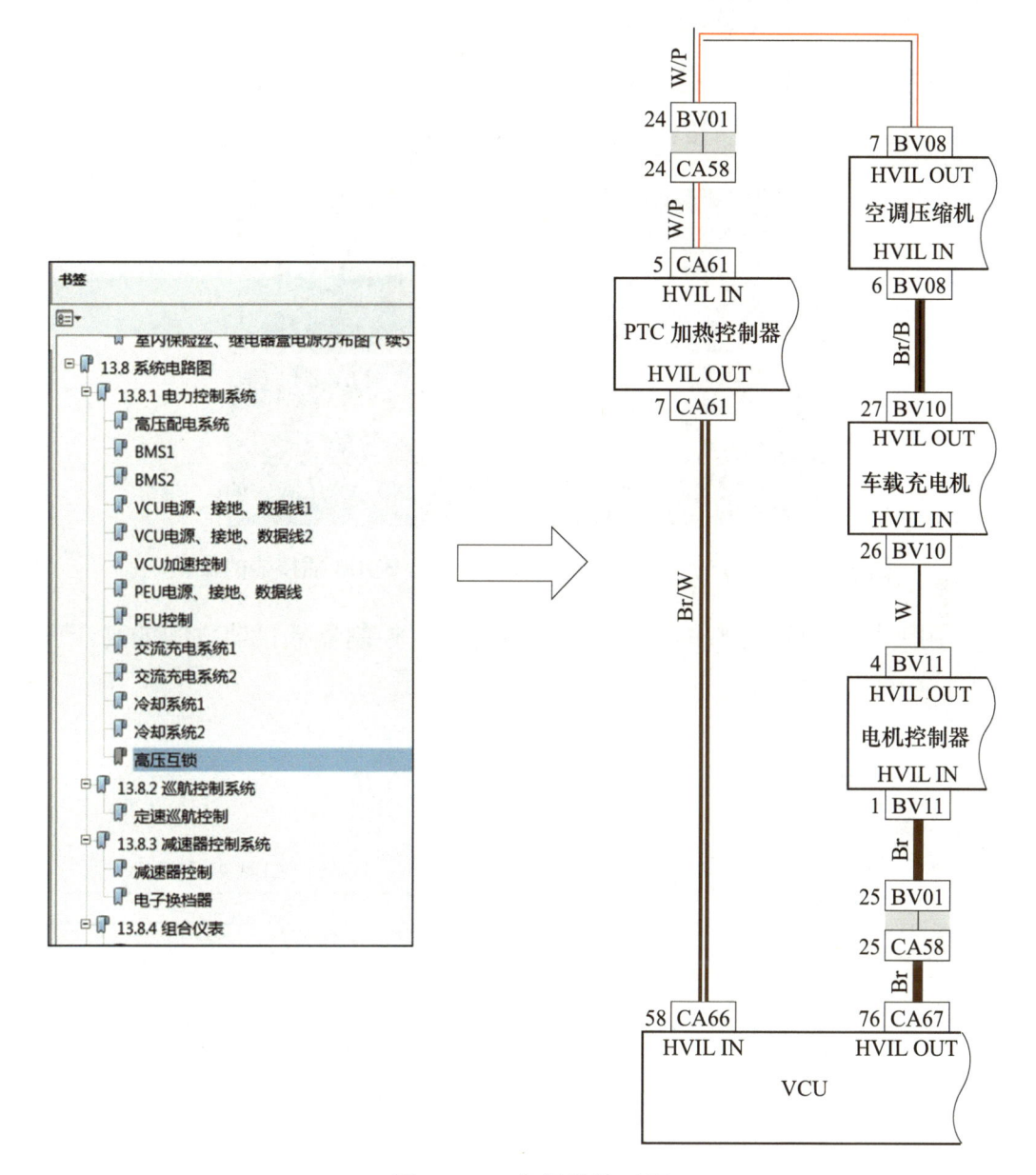

图 3-13　查阅维修手册

4. 车辆标准下电

在执行车辆标准下电时，应特别注意以下三点：

1）断开高压插接器前根据手册规范切断高压电，断开高压插接器后，保护好高压互锁接头，防止意外损坏。

2）将点火开关置于 OFF 状态。

3）断开蓄电池负极电缆，并用绝缘胶带包裹。

5. 检测高压互锁线路

1）根据高压互锁电路图，找到需断开的相关高压插接器：CA66、CA67、BV11、BV10、BV08 等插接器，如图 3-14 所示。

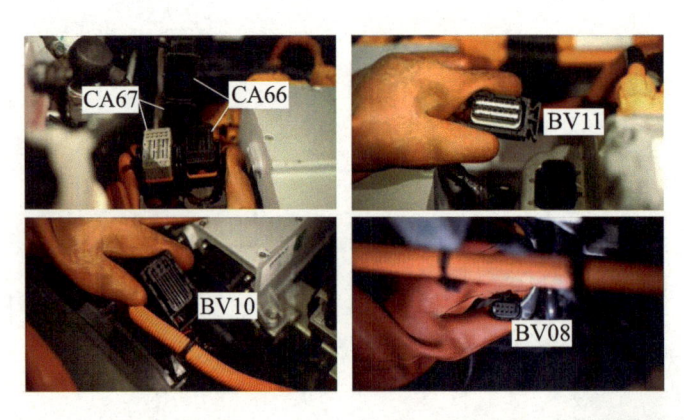

图 3-14　CA66、CA67、BV11、BV10、BV08 插接器的位置

2）用万用表电阻档判断 VCU 插接器与电机控制器插接器之间的高压互锁线路是否正常，如图 3-15 所示。

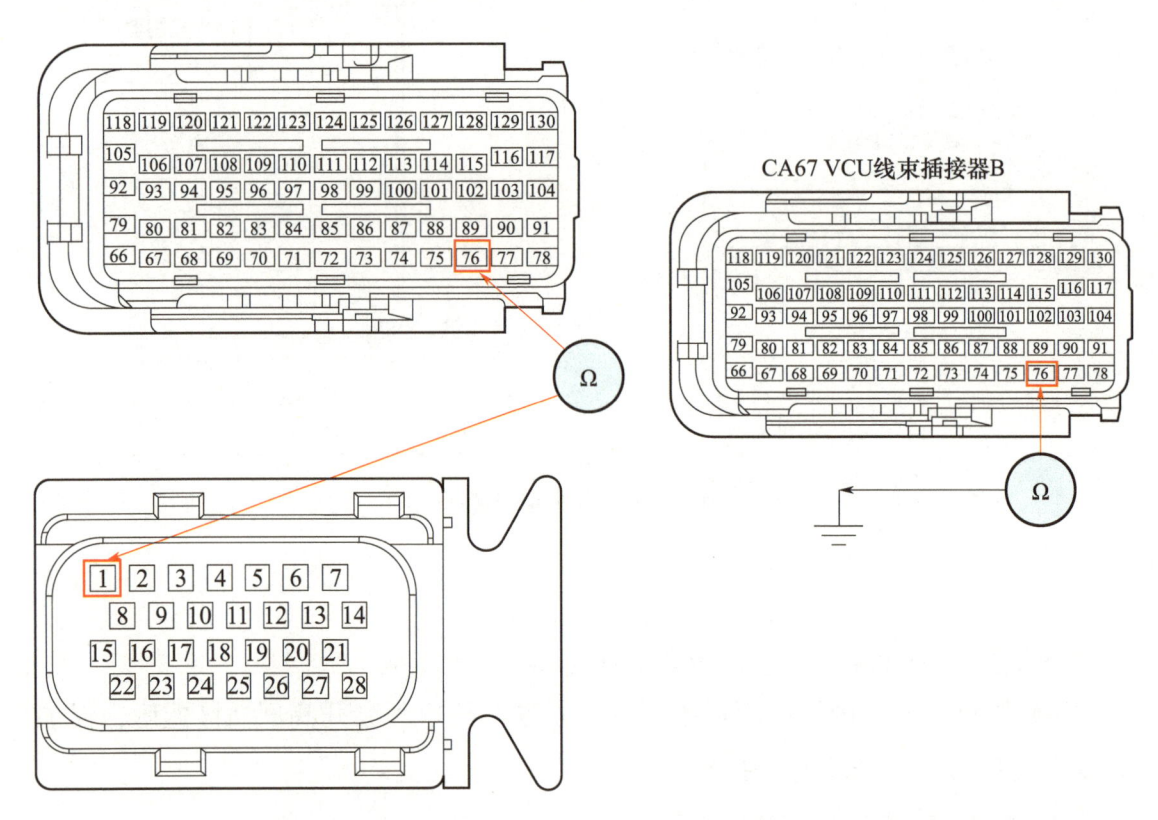

图 3-15　判断 VCU 插接器与电机控制器插接器之间的高压互锁线路是否正常

线路断路状况判断，标准电阻：小于1Ω；线路短路状况判断，标准电阻：大于等于10kΩ。VCU插接器与电机控制器插接器之间的测量点见表3-1。

表3-1 VCU插接器与电机控制器插接器之间的测量点

	测量点A	测量点B
线路断路状况判断	CA67-76	BV11-1
	测量点A	测量点B
线路短路状况判断	CA67-76 或 BV11-1	车身接地

3）用万用表电阻档判断电机控制器插接器与车载充电机之间的高压互锁线路是否正常，如图3-16所示。电机控制器插接器与车载充电机之间的测量点见表3-2。

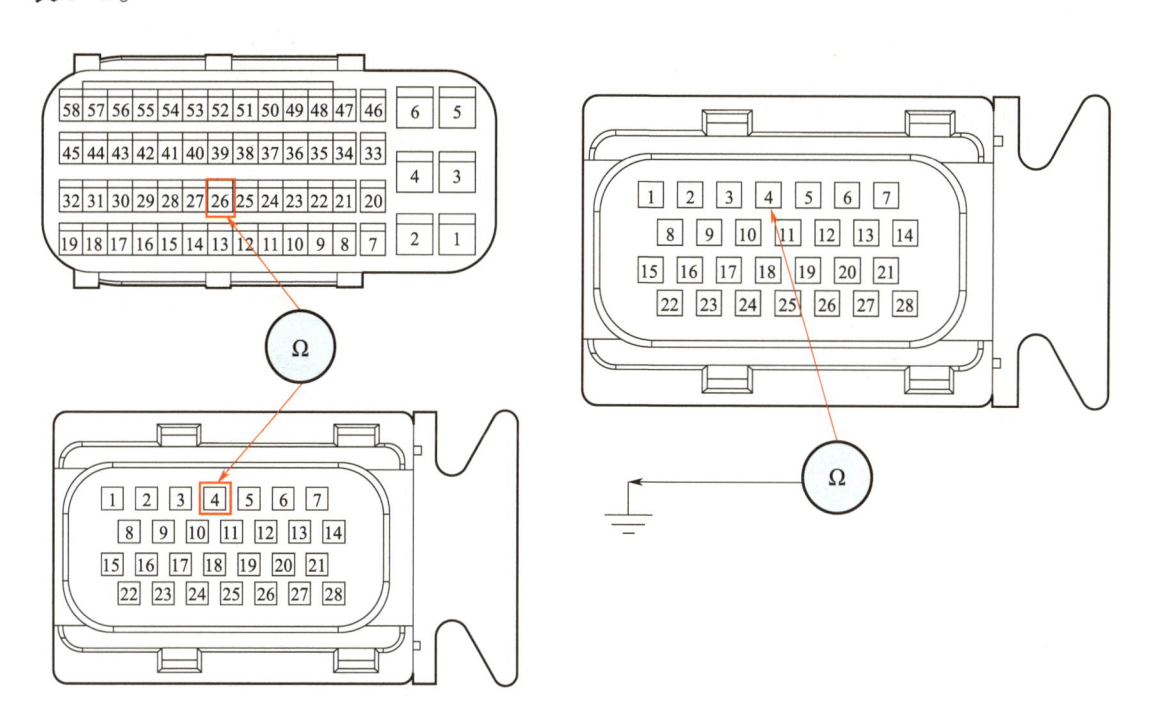

图3-16 判断电机控制器插接器与车载充电机之间的高压互锁线路是否正常

表3-2 电机控制器插接器与车载充电机之间的测量点

	测量点A	测量点B
线路断路状况判断	BV11-4	BV10-26
	测量点A	测量点B
线路短路状况判断	BV11-4 或 BV10-26	车身接地

4）用万用表电阻档判断车载充电机与空调压缩机插接器之间的高压互锁线路是否正常，如图3-17所示。车载充电机与空调压缩机插接器之间的测量点见表3-3。

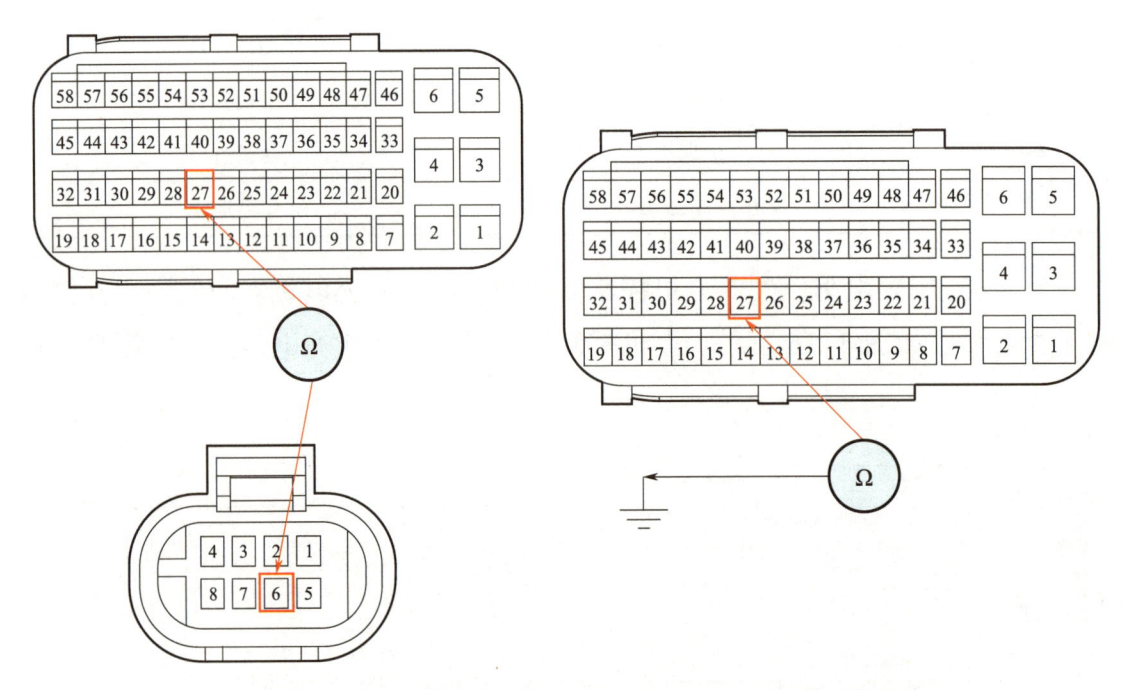

图3-17 判断车载充电机与空调压缩机插接器之间的高压互锁线路是否正常

表3-3 车载充电机与空调压缩机插接器之间的测量点

线路断路状况判断	测量点A	测量点B
	BV10-27	BV08-6
线路短路状况判断	测量点A	测量点B
	BV10-27 或 BV08-6	车身接地

5）用万用表电阻档判断空调压缩机插接器与PTC加热控制器插接器之间的高压互锁线路是否正常，如图3-18所示。空调压缩机插接器与PTC加热控制器插接器之间的测量点见表3-4。

表3-4 空调压缩机插接器与PTC加热控制器插接器之间的测量点

线路断路状况判断	测量点A	测量点B
	BV08-7	CA61-5
线路短路状况判断	测量点A	测量点B
	BV08-7 或 CA61-5	车身接地

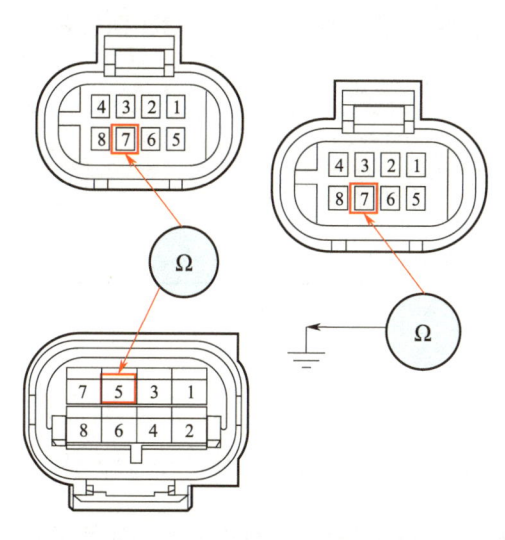

图 3-18 判断空调压缩机插接器与 PTC 加热控制器插接器之间的高压互锁线路是否正常

6）用万用表电阻档判断 PTC 加热控制器插接器与 VCU 插接器之间的高压互锁线路是否正常，如图 3-19 所示。PTC 加热控制器插接器与 VCU 插接器之间的测量点见表 3-5。

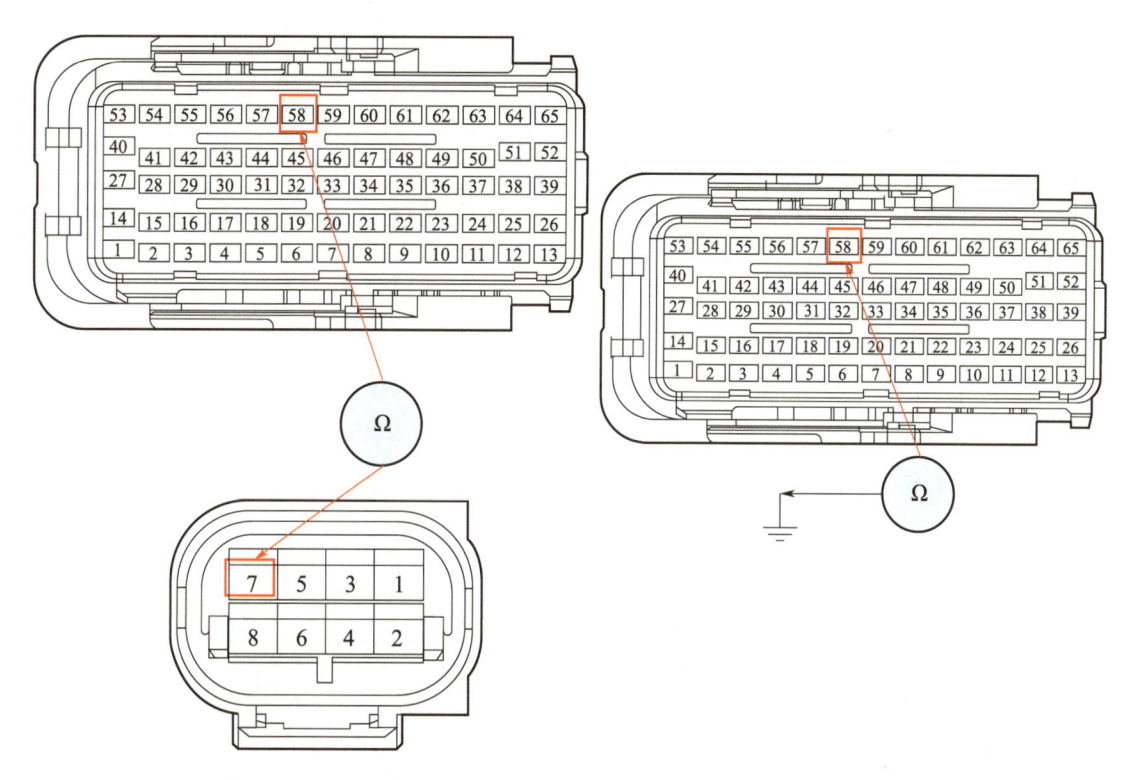

图 3-19 判断 PTC 加热控制器插接器与 VCU 插接器之间的高压互锁线路是否正常

表 3-5　PTC 加热控制器插接器与 VCU 插接器之间的测量点

线路断路状况判断	测量点 A	测量点 B
	CA61-7	CA66-58
线路短路状况判断	测量点 A	测量点 B
	CA61-7 或 CA66-58	车身接地

6. 检测高压部件

用万用表电阻档判断下列各个部件对于测量点的导通状况，如表 3-6、图 3-20、表 3-7、图 3-21 所示；标准电阻：小于 1Ω。

表 3-6　电机控制器与车载充电机线路之间的测量点

电机控制器	测量点 A	测量点 B
	BV11-1	BV11-4
车载充电机	测量点 A	测量点 B
	BV10-26	BV10-27

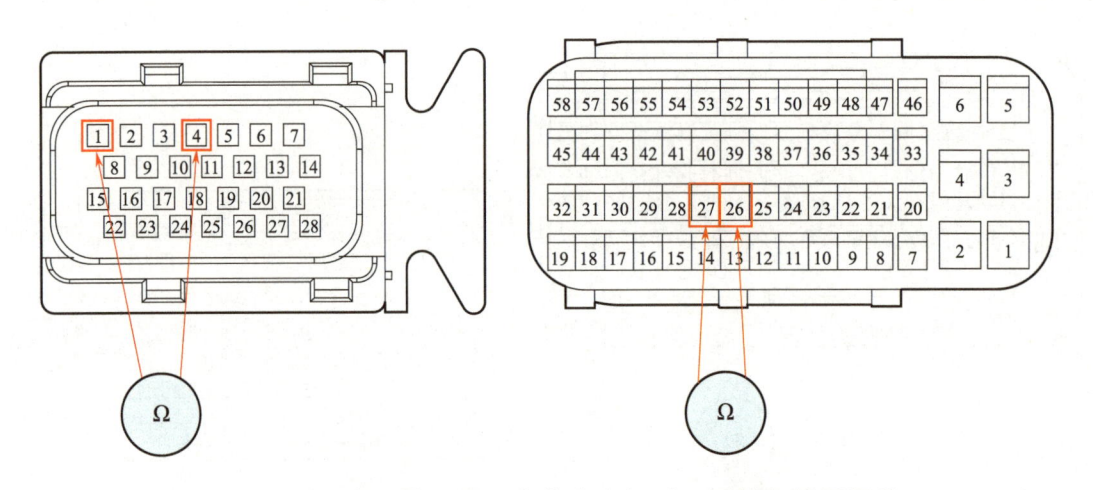

图 3-20　判断电机控制器、车载充电机对于测量点的导通状况

表 3-7　空调压缩机与 PTC 加热控制器之间的测量点

空调压缩机	测量点 A	测量点 B
	BV08-6	BV08-7
PTC 加热控制器	测量点 A	测量点 B
	CA61-5	CA61-7

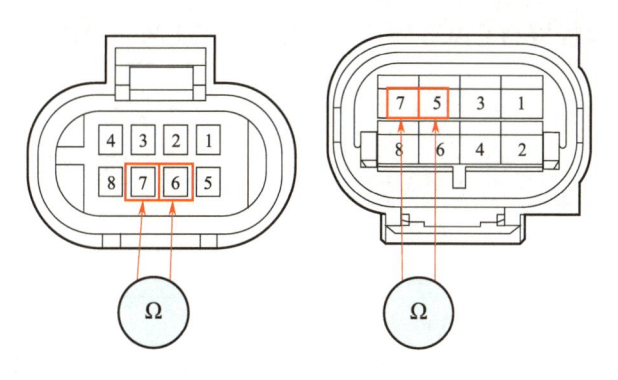

图 3-21　判断空调压缩机、PTC 加热控制器对于测量点的导通状况

7. 检查高压互锁电压

用万用表电压档测量 VCU 线束插接器 CA66 端子 12、50 对车身接地的电压，如表 3-8、图 3-22 所示。电压标准值：11~14V。

表 3-8　VCU 线束插接器 CA66 端子 12、50 对车身接地电压的测量点

VCU 线束插接器	测量点 A	测量点 B
	CA66-12	车身接地
	测量点 A	测量点 B
	CA66-50	车身接地

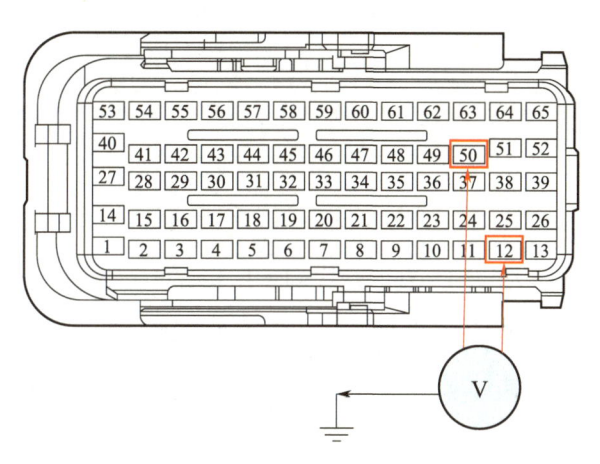

图 3-22　检查高压互锁电压

8. 检查高压互锁接地电阻

用万用表电阻档测量 VCU 线束插接器 CA66 端子 1、2、26、54 与车身接地之间的电阻值，见表 3-9；电阻标准值：小于 1Ω。

表 3-9 VCU 线束插接器 CA66 端子 1、2、26、54 与车身接地之间电阻的测量点

	测量点 A	测量点 B
	CA66-1	车身接地
	测量点 A	测量点 B
VCU 线束插接器	CA66-2	车身接地
	测量点 A	测量点 B
	CA66-26	车身接地
	测量点 A	测量点 B
	CA66-54	车身接地

四、检修系统部件

根据上述排故过程中出现的实际问题，进行相应高压互锁线路、高压部件的维修或更换。

五、复检验收车辆

1）竣工检验。去除蓄电池负极电缆上包裹的绝缘胶带，连接断开的插接器，连接蓄电池负极端。检查整车上电状态、仪表状态。

2）整理清扫。

素养养成

• 执行工作准备阶段

在执行工作准备阶段，认真学习高压互锁故障诊断作业所需的基础知识，明确检查设备和工具、执行场地防护、执行车辆防护、执行人身防护、记录车辆信息五个工作环节的具体要求，能够处理在执行高压互锁故障诊断作业准备过程中遇到的困难，自主冷静思考，养成分析问题和解决问题的能力。

• 检视系统部件阶段

在检视系统部件阶段，理解掌握拔下电源负极、检查高压接头是否有松动、检查高压部件是否有损坏、检查高压互锁回路是否完整无断裂四个工作环节的具体要求，此项任务工作量小但责任重大，需要进行全面的检视，切忌遗忘部件。所以在执行任务的过程中需要严于律己、注重团队配合，养成团队协作、

爱岗敬业的职业素养。

· 检测系统部件阶段

在检测系统部件阶段，理解掌握检测高压互锁线路、高压部件、高压互锁电压、高压互锁接地电阻的步骤和方法。使用万用表电阻档进行检测时，要认真读取、记录数据，并与标准电阻值进行对比，其测量数据的准确与否直接影响检测结果，所以在日常工作中，要具备严谨规范、精益求精的工作态度。

· 检修系统部件阶段

在检修系统部件阶段，需要掌握正确更换或维修高压互锁线路、高压部件的方法。在日常工作中，面对不同损耗状态的高压部件，需要诚恳、真实地告知车主，并且根据实际情况给出最优维修方案，所以在工作中应具备诚信友善、追求创新的职业精神。

· 复检验收车辆阶段

在复检验收车辆阶段，需要掌握车辆标准上电、启动车辆、整理清扫的理论知识，并能付诸实际操作中。随着技术的发展进步，汽车更新迭代迅速，作为一名未来汽车维修工作从业者，在面对不同的车型时，需要能懂、能开、能修，这就要求我们具备终身学习的意识。

学习任务三　电池管理系统电源故障诊断

任务导入

一辆 2018 款的吉利帝豪 EV450 已行驶 2 万 km，客户反映汽车无法上电。使用诊断仪读取故障码，报电池管理系统电源故障。因此，需对电源故障进行诊断，明确故障点并进行排除。请你作为维修技师完成此项任务，并将工单填写完毕。

知识目标

- 能够简述电池管理系统的功能。
- 能够掌握电池管理系统的构成。
- 能够复述电池管理系统的类型。
- 能够根据不同颜色区分熔丝的额定容量。

技能目标

- 能够准确查阅电池管理系统电源电路。
- 能够利用手册查阅熔丝及模块搭铁点的安装位置。
- 能够利用万用表判断熔丝故障和导线断路或短路故障。

素养目标

- 能够具备分析问题和解决问题的能力。
- 能够养成团队协作、爱岗敬业的职业素养。

> 能够具备严谨规范、精益求精的工作态度。
> 能够具备诚信友善、追求创新的职业精神。
> 能够具备终身学习的意识。

重点

> 电池管理系统的功能。
> 电池管理系统的构成。
> 电池管理系统的类型。
> 根据不同颜色区分熔丝的额定容量。

难点

> 查阅电池管理系统电源电路。
> 利用手册查阅熔丝及模块搭铁点的安装位置。
> 利用万用表判断熔丝故障和导线断路或短路故障。

知识链接

一、电池管理系统

电池管理系统（BMS）是一种能够对动力电池进行监控和管理的电子装置，如图 3-23 所示。BMS 通过对电压、电流、温度等参数的采集、计算，实现对电池的控制，提升电池的综合性能。电池控制单元通过温度传感器的监测数据将电池温度控制在正常范围，通过电流传感器的监测数据判断电池电量，通过电压测量模块的监测数据控制电量平衡。

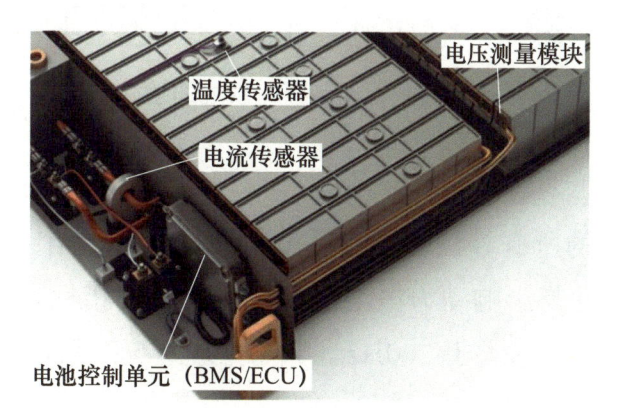

图 3-23　电池管理系统

1. 电池管理系统的安装位置

目前，绝大多数电动车型的电池管理系统被安装于动力电池箱体内。电池管理系统上有多个接口，用于控制多个电池模组。电池管理系统在电池箱体中的位置如图3-24所示。

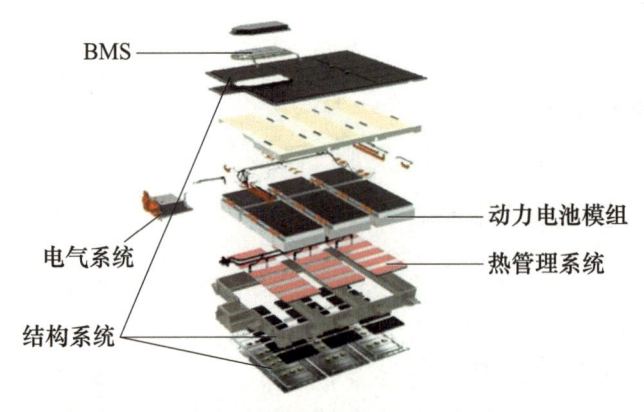

图3-24　电池管理系统安装位置

2. 电池管理系统的功能

国家有关部门对电池管理系统有明确的功能指示。根据GB 31241—2022《便携式电子产品用锂离子电池和电池组安全技术规范》，BMS的主要功能包括数据采集、状态监测、安全保护、充电控制、能量控制管理、均衡管理、温度检测与热管理以及通信功能等，如图3-25所示。

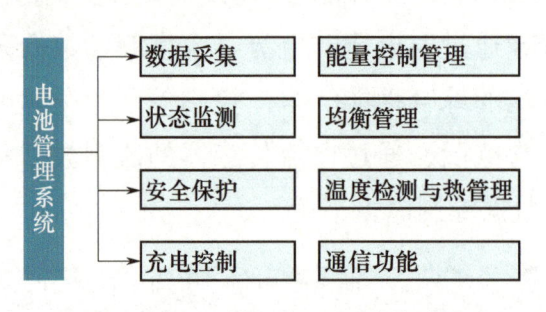

图3-25　电池管理系统的功能

- 数据采集

电池管理系统的所有算法都是以采集动力电池数据作为输入。采样频率、精度和前置滤波特性是影响动力电池系统性能的重要指标。电动汽车电池管理系统的采样频率一般要求大于200Hz。电池管理系统的数据采集流程如图3-26所示。

图 3-26　电池管理系统数据采集流程

- 状态监测

电池状态监测包括电池组荷电状态（State of Charge，SOC）和电池组健康状态（State of Health，SOH）两方面。SOC用来提示动力电池组剩余电量，是计算和估计电动汽车续驶里程的基础。SOH用来提示动力电池技术状态，是预测可用寿命等健康状态的参数。

SOC是防止动力电池过充电和过放电的主要依据。只有准确估计电池组的SOC才能有效提高动力电池组的利用效率，保证动力电池组的使用寿命。在电动汽车中，准确估计动力电池SOC，可以保护动力电池，提高整车性能，降低对动力电池的要求以及提高经济性等。

- 安全保护

安全保护可以监测电池电压、电流、温度是否超过正常范围，防止电池组过充电或过放电。现在对电池组进行整组监控的同时，多数电池管理系统已经发展到可对单体电池过充电、过放电、过热等安全状态进行管理。

- 充电控制

电池包的充电过程将直接影响到电池的寿命和安全。因此，BMS通常需要集成一个充电管理模块，根据动力电池的实时特性、温度高低以及充电机的功率等级，控制充电机给电池包进行安全充电。

- 能量控制管理

为了保证车辆安全、经济地运行，BMS需要根据采集到的数据和实时状态信息，合理控制动力电池的能量输出以及再生制动的能量回收。若电动汽车存在复合电源，BMS还需根据复合电源各自的状态信息优化分配各自的能量，以保证复合电源的最佳性能。

能量管理主要包括以电流、电压、温度、SOC 和 SOH 为输入参数进行充电过程控制，以及以 SOC、SOH 和温度等参数为条件进行放电功率控制两部分，电池的能量管理图如图 3-27 所示。

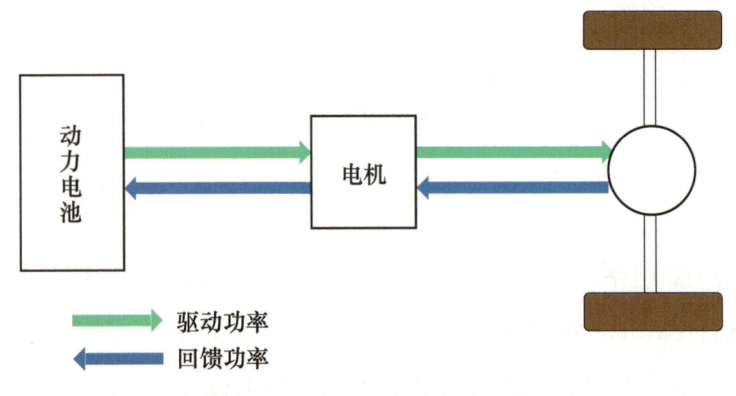

图 3-27　电池的能量管理图

- 均衡管理

由于生产工艺、运输储存以及电子元器件的误差积累，单体电池之间难免存在不一致性。为了充分发挥单体电池的性能，保证电池包的使用安全，BMS 根据单体电池的信息采取一定的措施尽可能缩小单体电池间的不一致性。主要是采用对部分或全部单体电池充电/放电的形式，尽可能缩小单体电池之间的端电压或 SOC 差值。适当的均衡管理能够提高电池组容量，优化电池组整体放电效能，延长电池组整体寿命。

- 温度检测与热管理

动力电池在正常工作中不仅受环境温度的影响，还受自身充电/放电产热的影响。因此，BMS 需要集成电池热管理系统，根据电池组内温度分布信息及充电/放电需求，决定主动加热/散热的强度，确保动力电池尽可能在最适合的温度下工作，充分发挥动力电池的性能，延长动力电池的使用寿命。

- 通信功能

实现电池参数和信息与车载设备或非车载设备的通信，同时为充放电控制、整车控制提供数据依据是电池管理系统的重要功能之一。根据应用需求，数据交换可采用不同的通信接口，如模拟信号接口、PWM 信号接口、CAN 总线或串行接口。电池的通信示意图如图 3-28 所示。

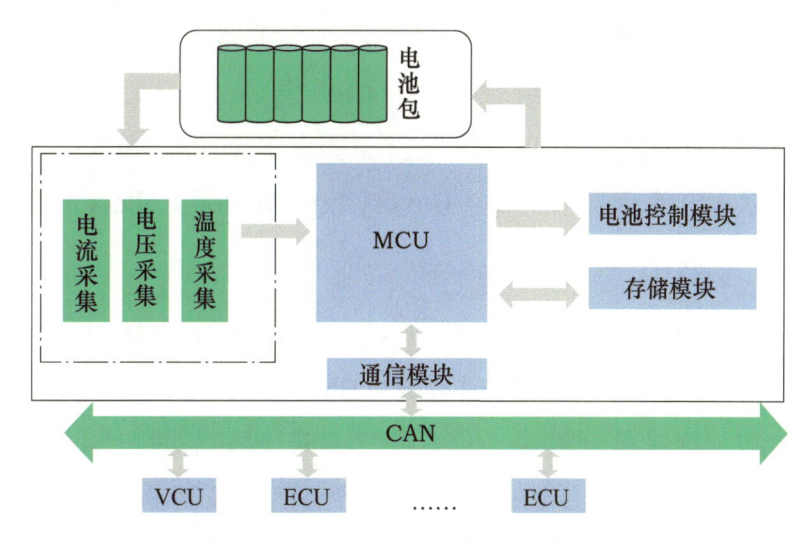

图 3-28 电池的通信示意图

3. 电池管理系统的构成

作为一个为管理动力电池而设计的电子控制系统，BMC 由传感器、控制器和执行元件组成，如图 3-29 所示，一般包括 CSC 模块（从控模块）、控制单元（BMU，主控模块）、高压配电盒、电流传感器和热管理系统五个组成部分。集中式 BMS 将从控模块与主控模块集成为一整体。

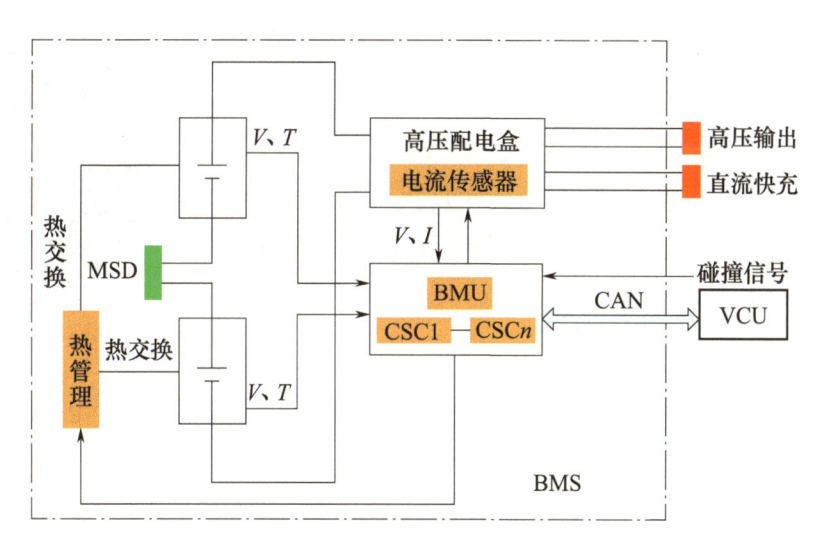

图 3-29 电池管理系统的总体构成

- CSC 模块（从控模块）

单体电池监测电路（Cell Supervising Circuit，CSC）一般做成一个专用的集成数据采集模块，负责对动力电池模组各单体电池电压、温度和采样线进行监测。为了实现动力电池系统布线的最小化，各单体电池的均衡电路也在这个模块中完成。一个动力电池模组对应一个 CSC 模块，由于动力电池包由多个动力电池模组组成，因此电池管理系统也就需要有多个 CSC 模块。有些电池管理系统将该模块称为电池信息采集器（Battery Information Collector，BIC）。

• 控制单元（BMU，主控模块）

控制单元（Battery Management Unit，BMU；Battery Management Controller，BMC）是动力电池管理系统（BMS）的"大脑"，通常集成有动力电池总电压检测、绝缘检测模块，负责收集 CSC 模块、总电压、总电流、动力电池绝缘监测的数据。BMU 通过 CAN 网络与整车控制器（VCU）、车载充电机（OBC）等进行交互，控制高压配电盒中的继电器等，从而完成车辆预充、上电、下电和充放电控制；当动力电池存在过电压、欠电压、过热、过电流时，采取安全保护措施；对动力电池 SOC、SOH、SOP 进行估算，在仪表上显示动力电池 SOC 状态，并对动力电池进行充放电管理和均衡管理；根据电池工作温度、热管理系统温度等信号，对动力电池热管理系统进行控制，确保动力电池安全、高效运行。

• 高压配电盒

高压配电盒主要包括主正继电器、主负继电器、预充继电器、预充电阻、熔断器等，有些车型还包括充电继电器。高压配电盒的继电器接收控制单元指令，完成整车预充、上电、下电过程，在短路、过热或故障情况下切断动力电池输出。其中，熔断器的作用是保护高压系统的安全，如图 3-30 所示。当高压系统出

图 3-30 熔断器

现短路时，熔断器将会断开。熔断器的额定电压要求大于动力电池系统的最高工作电压，额定电流通常为高压回路最大负载电流的 1.5~3 倍。

• 电流传感器

电池管理系统一般设有独立的电流传感器，通常置于高压配电盒内，如图 3-31 所示。其负责对动力电池工作过程的总电流进行检测，提高电池的使用效率。电池管理系统常用的电流传感器主要有分流器和霍尔

图 3-31 电流传感器

式电流传感器。

霍尔式电流传感器是依靠电磁特性检测电流的一种传感器,它通过测量霍尔电势可以间接测量出载流导体电流的大小,使电流的非接触测量成为可能。

• 热管理系统

热管理系统是电池管理系统的重要组成部分之一。以锂离子电池为例,理想的工作温度是20~40℃,当工作温度低于20℃时,随着温度的降低,电池内阻迅速增大,电池的效率及可用于驱动的功率随之迅速降低。0℃时,这种低效率差别可达30%,低于-20℃时差别更大。工作温度大于40℃时,锂离子电池加快老化,寿命下降。经验显示,工作温度每升高10℃,电池循环寿命减半。如果持续工作温度为40℃,预期循环寿命为8年,那么持续工作温度为50℃时,循环寿命为4年。除此以外,热管理系统还要尽可能确保各单体电池的均匀冷却。一般来说,同一位置单体电池间的温差不得超过5℃。

4. 电池管理系统的类型

• 集中式

按主控模块和从控模块拓扑结构不同,BMS可分为集中式和分布式。集中式也叫一体式。集中式BMS将主控模块、从控模块组成一个整体,通过导线接至电池上,如图3-32所示。

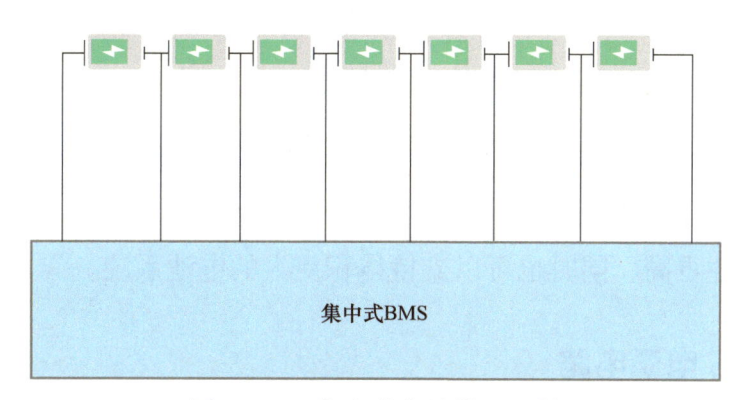

图3-32 集中式电池管理系统

吉利帝豪EV450电动汽车动力电池采用三元锂离子电池,由10个1P6S电池模组和7个1P5S电池模组串联形成,共由95个方形单体电池组成。EV450电池管理系统采用集中式BMS,BMU与CSC集成于一体置于动力电池包中部。BMS的信息采集系统在每个模组中设有两个温度传感器,每个单体电池设有一个电压采集点，在 B-BOX 中设有霍尔式电流传感器。

优点：主控模块与从控模块位于同一块 PCB 内，结构简单，成本较低，占用空间小，维护比较简单。

缺点：一体式结构采集线十分庞大，部分采集线过长而且各采集线长短不一。容易造成信号失真和均衡时额外的电压降，过长的采集线也容易产生一些安全隐患。

• 分布式

分布式 BMS 由多个从控模块、主控模块、高压控制单元等部件构成。一个从控模块对应一个或多个动力电池模组，负责对该模组单体电池电压、温度的采集及均衡管理和故障诊断，如图 3-33 所示。

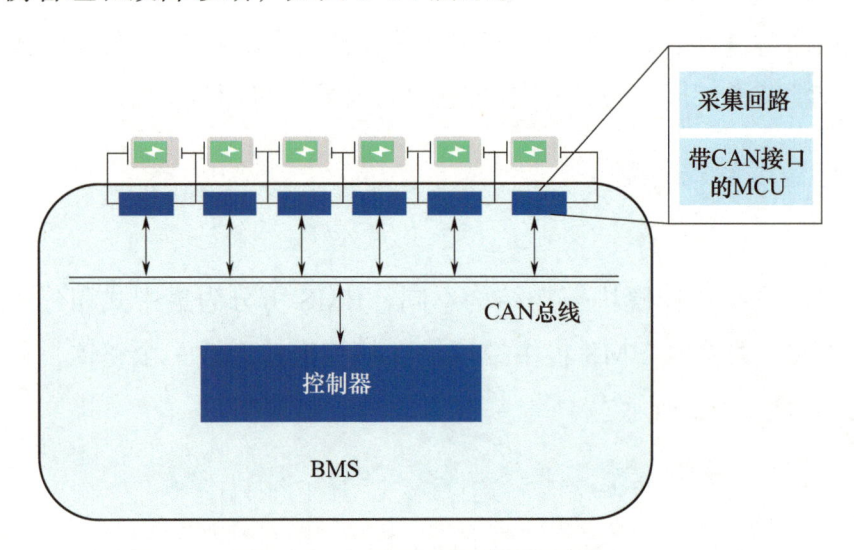

图 3-33　分布式电池管理系统

优点：可以根据不同的电池系统串并联设计进行高效的配置，采样线更短、更均匀，可靠性更高，同时也可以支持体积更大的电池系统。

二、BMS 电源电路

BMS 作为一个电子装置，需要提供电源才能正常工作。图 3-34 所示为吉利帝豪 EV450 纯电动汽车 BMS 模块的电源电路，包括搭铁电路 CA69/2 至 G03、低压蓄电池提供的常电源电路 B+ 至 CA69/1、点火开关控制的电源电路 IG2 至 CA69/7。

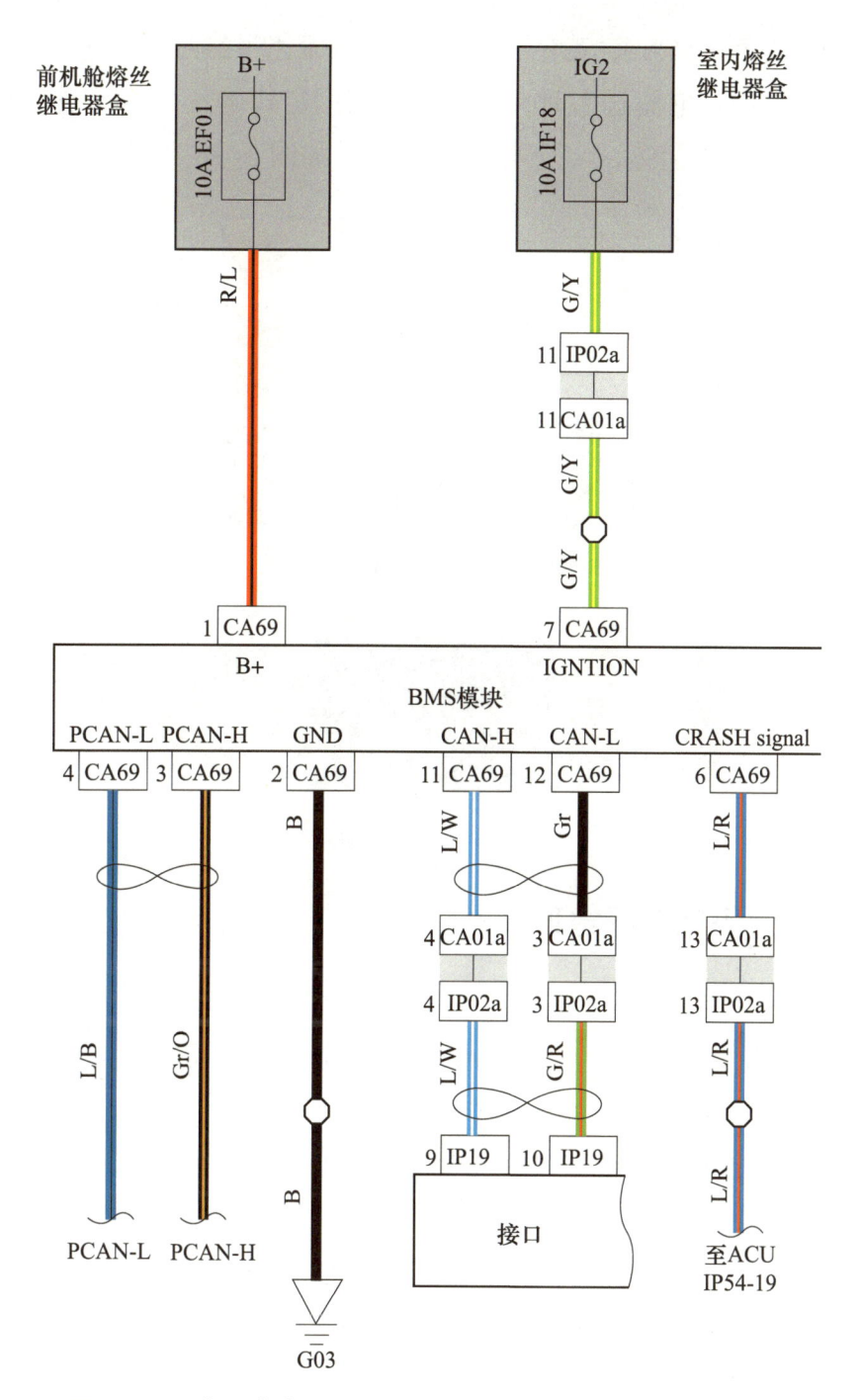

图 3-34 吉利帝豪 EV450 纯电动汽车 BMS 模块的电源电路

电路图中 EF01 和 IF18 为熔丝，当电路中电流异常并超过其额定电流时发生熔断，保护电路和电子设备。

图 3-35 所示为插片式熔丝的结构，汽车用熔丝根据颜色不同区分额定电流大小：灰色（2A）、紫色（3A）、粉色（4A）、橘黄色（5A）、咖啡色（7.5A）、

红色（10A）、蓝色（15A）、黄色（20A）、透明无色（25A）、绿色（30A）、深橘色（40A）。当额定电流过大时，一般会采用固定式熔丝。该类型熔丝一般都为黑色，额定电流以文字标示，不以颜色区分，如图 3-36 所示。

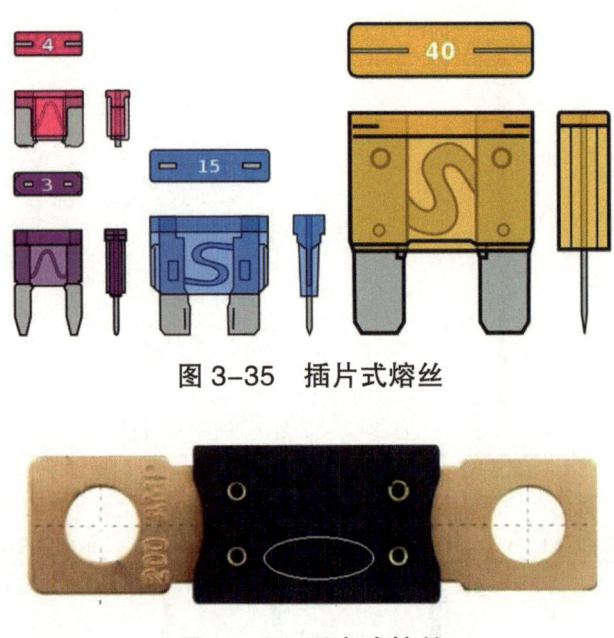

图 3-35　插片式熔丝

图 3-36　固定式熔丝

三、高压上下电过程管理

1. 高压上电过程管理

如图 3-37 所示，正常车辆的点火开关由 OFF 档位切换至 ON 档位时，整车控制器（VCU）、电机控制器（MCU）、电池管理系统（BMS）依次通过自检后，VCU 将上电指令发送给 BMS。然后，由 BMS 控制高压负极继电器 K3 和预充继电器 K2 闭合工作，将预充电阻 R1 串联在动力电池正极电路，使输出电流减小，并为 C1 电容充电。当外部电压超过动力电池总电压 90% 时，BCM 控制高压正极继电器 K1 闭合，K2 继电器断开，K3 继电器维持闭合状态。

最后由 BMS 将"预充电完成"信号发送给 VCU。VCU 接收"预充电完成"信号后，控制 DC/DC 使信号输出，DC/DC 给低压系统供电。当车辆点火开关档位切换至 START 时，如电机控制器或电池未发出"不允许"信号，且制动开关满足"被踩下"的信号条件，VCU 发送 MCU 使能信号，VCU 发送 READY 状态信号，仪表显示 READY，上电结束。

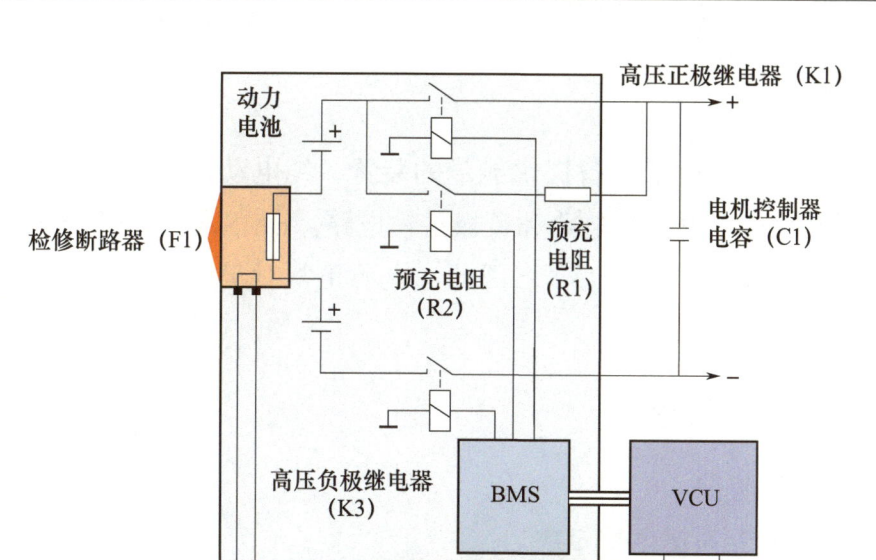

图 3-37 动力电池高压电控制

高压上电失败的原因主要包括电池出现严重欠电压、过电压、过温、漏电的现象；控制高压上电的继电器故障；高压互锁故障；断路器故障；防盗系统故障；高压母线漏电、接触异常、断路等故障；CAN网络通信故障；制动踏板及其电路故障；车辆点火开关及其电路故障；控制系统及其电源电路故障。

2. 高压下电过程管理

车辆点火开关位于OFF的信号发送给VCU后，电机控制器将电机输出转矩控制为零，DC/DC停止工作。BMS接收VCU提供的"下电"信号指令后，控制高压正极继电器K1和高压负极继电器K3断开。

说起新能源汽车的安全问题，大家谈论最多的是汽车自燃的问题，很多新能源汽车品牌，都因为自燃事故而上过热搜。但其实，新能源汽车的自燃原因是比较"单一"的，因为它们几乎都是因为动力电池故障所导致的。

动力电池是新能源汽车上至关重要的一个部件，而电池的安全与车内人员的生命安全紧密相连。

技能链接

电源是向电子设备提供能量的装置,纯电动汽车的低压电源包括低压蓄电池、正极电源电路和负极搭铁电路。BMS 作为一个电子装置,需要提供电源才能正常工作。因此,电源正常对于电池管理系统的正常运行至关重要。

一、执行工作准备

1)执行场地防护。

- 设置警戒带和高压电警示牌。
- 检查灭火器。
- 检查绝缘垫。
- 安装车轮挡块。

2)执行人身防护。

- 穿戴绝缘服。
- 穿戴绝缘鞋。
- 穿戴绝缘手套。
- 佩戴绝缘头盔。
- 穿戴护目镜。

3)检查设备和工具。准备吉利帝豪 EV450 维修手册、万用表、诊断仪、举升机。

4)记录车辆信息。

5)执行车辆防护。

- 安装车辆绝缘翼子板布和格栅垫。
- 安装车内四件套。

二、检视系统部件

戴上绝缘手套,拔下电源负极,检查高压接头是否有松动。

三、检测系统部件

1. 确认车辆故障现象

根据客户反映,启动车辆,确认车辆存在的故障为 BMS 电源故障。

2. 读取故障信息

连接诊断仪，读取故障码。BMS电源故障码为U3006-16、U3006-17、U3006-29。

3. 查阅电池管理系统电源电路图

选取EV450电路图手册，维修手册有纸质稿形式和电子稿形式，根据实验条件选择不同的电路图手册。在手册中准确找到"电池管理系统电源电路图"所属目录，如图3-38所示。

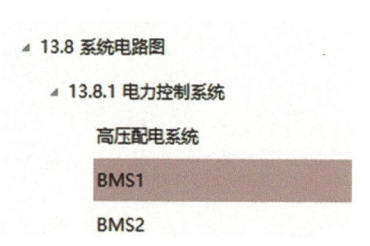

图3-38 查阅电池管理系统电源电路图

4. 查找电池管理系统电源熔丝安装位置

查看电路图，确认电路图中包括熔丝10A EF01、10A IF18，如图3-39所示。

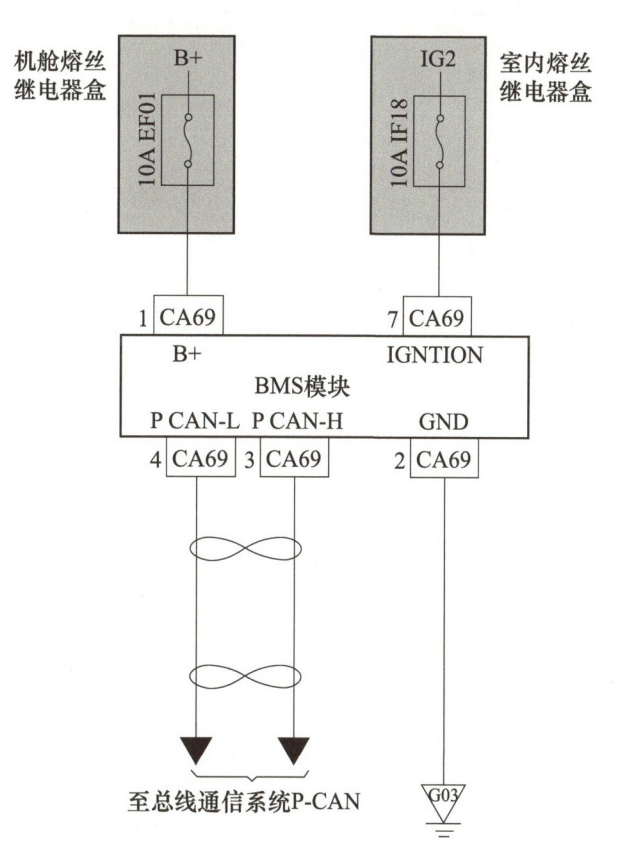

图3-39 电池管理系统电源熔丝安装位置

如图 3-40 所示，翻阅手册"前机舱保险丝、继电器盒"目录。

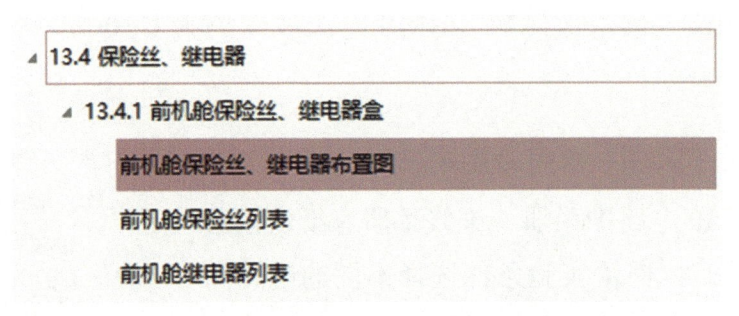

图 3-40 "前机舱保险丝、继电器盒"目录

如图 3-41 所示，在"前机舱保险丝、继电器盒"布置图中查找 EF01 熔丝安装位置。

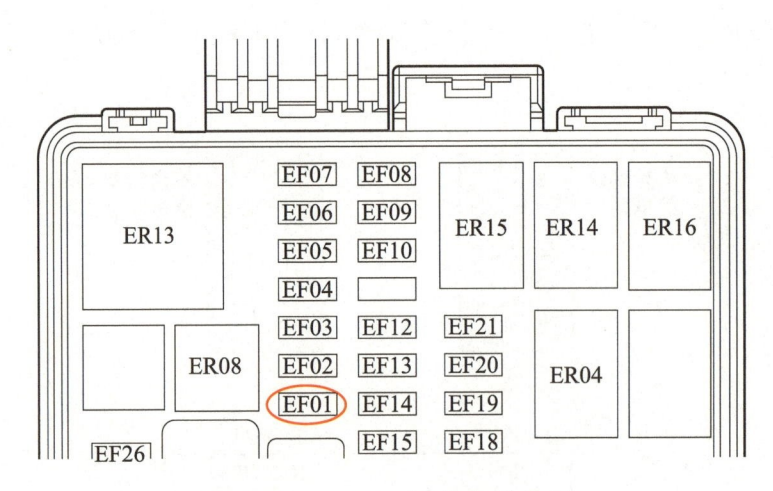

图 3-41 EF01 熔丝安装位置

如图 3-42 所示，在"室内保险丝、继电器盒"布置图中查找 IF18 熔丝安装位置。

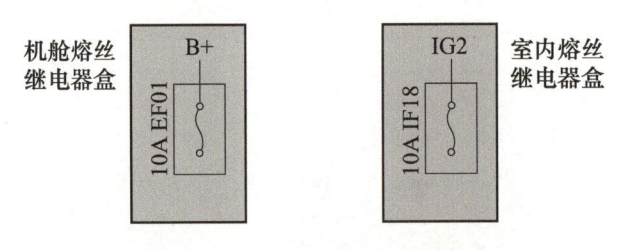

图 3-42 IF18 熔丝安装位置

如图 3-43 所示，根据手册提示，在车辆上找到 EF01 熔丝的安装位置。

如图 3-44 所示，翻阅手册"室内保险丝、继电器盒"目录，通过手册提示，确认 IF18 熔丝安装位置。

图 3-43　EF01 熔丝在车辆上的安装位置

图 3-44　IF18 熔丝在车辆上的安装位置

5. 查找 BMS 线束插接器信息

查看电路图，确认电路图中 BMS 线束连接代号，如图 3-45 所示。

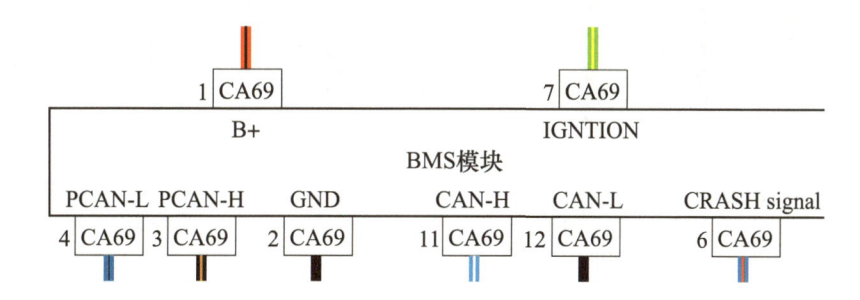

```
        1 CA69                    7 CA69
         B+                      IGNTION
                  BMS模块
   PCAN-L  PCAN-H   GND    CAN-H   CAN-L   CRASH signal
  4 CA69  3 CA69  2 CA69  11 CA69 12 CA69   6 CA69
```

图 3-45　确认电路图中 BMS 线束连接代号

翻阅手册"线束及其连接器布置"目录，如图 3-46 所示。

在"前机舱线束布置图"中找到 CA69 插接器安装示意位置，如图 3-47 所示。进一步在"前机舱线束连接器端子图"中找到 CA69 插接器线路布局示意图。

- 13.5 线束及其连接器布置
  - 13.5.1 蓄电池负极线束
  - 13.5.2 动力线束
  - 13.5.3 前机舱线束
    - 前机舱线束布置图

图 3-46　"线束及其连接器布置"目录　　图 3-47　CA69 插接器安装示意位置

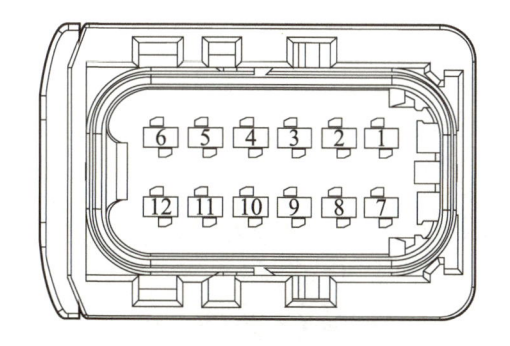

6. 查找 BMS 模块搭铁点位置

查看电路图，确认电路图中 BMS 模块搭铁点代号，如图 3-48 所示。

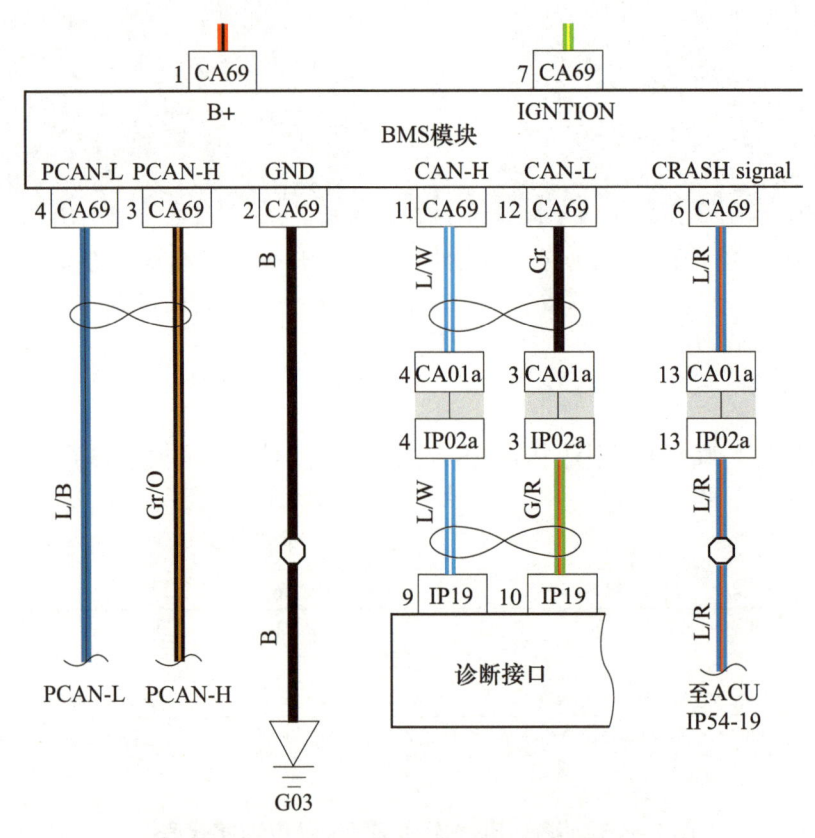

图 3-48 确认电路图中 BMS 模块搭铁点代号

翻阅手册"接地点布置图"目录，如图 3-49 所示。

在"前机舱线束接地点布置图"中找到 G03 搭铁点安装示意位置，如图 3-50 所示。

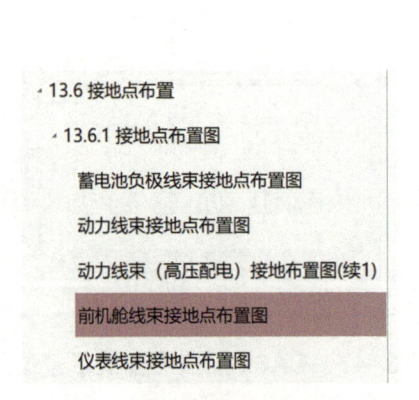

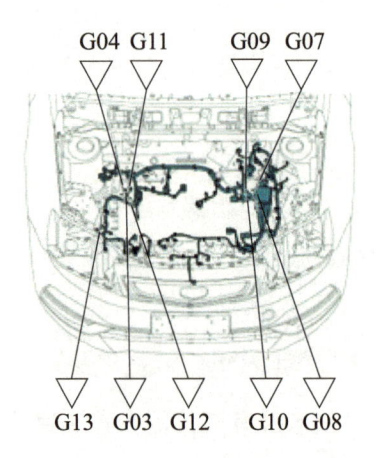

图 3-49 "接地点布置图"目录　　图 3-50 G03 搭铁点安装示意位置

7. 车辆标准下电

在执行车辆标准下电时，应特别注意以下两点。

1）断开 BMS 模块线束插接器 CA69 时必须先断开低压蓄电池负极，以免对 BMS 模块造成损坏。

2）使用万用表电阻档测量时，需将点火开关置于 OFF 状态。

8. 检测蓄电池

用万用表直流电压档测量蓄电池电压（标准 11~14V）。

9. 检查 BMS 模块熔丝 EF01 和 IF18

如图 3-51 所示，利用万用表电阻档检查熔丝 EF01 和 IF18 是否熔断。

图 3-51　检查熔丝 EF01 和 IF18 是否熔断

如果 EF01 或 IF18 熔丝熔断，需检测 EF01 至 CA69/1 或 IF18 至 CA69/7 线路是否存在短路，如图 3-52 所示。

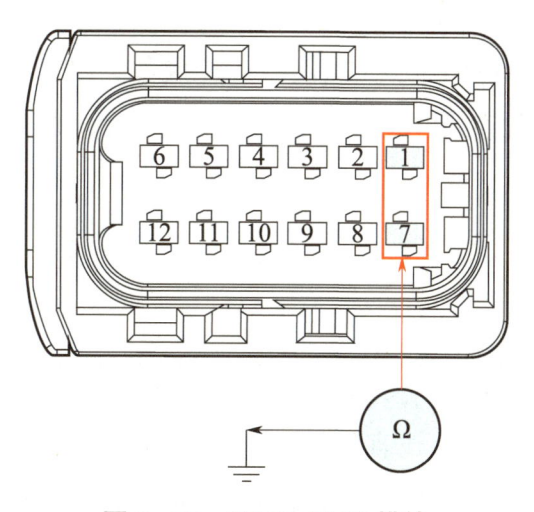

图 3-52　CA69 BMS 模块

10. 检查 BMS 模块线束插接器（端子电压）

操作举升机，将车辆举升至合适高度。断开 BMS 模块线束插接器 CA69。连接蓄电池负极电缆。将点火开关置于 ON 状态。测量 BMS 模块线束插接器 CA69 端子 1、7 对车身接地的电压，如图 3-53 所示（标准值 11~14V）。

图 3-53 检查 BMS 模块线束插接器（端子电压）

11. 检查 BMS 模块线束插接器（接地端子导通性）

将点火开关置于 OFF 档。测量 BMS 模块线束插接器 CA69 端子 2 与车身接地之间的电阻值（标准值小于 1Ω）。

四、检修系统部件

根据上述排故过程中出现的实际问题进行相应的维修或更换。

五、复检验收车辆

1）竣工检验。连接各断开的插接器，连接蓄电池负极端，按照与拆卸相反的顺序将所有元器件及连接线复位。检查整车上电状态、仪表状态。

2）整理清扫。

素养养成

- 执行工作准备阶段

在执行工作准备阶段，认真学习电池管理系统电源故障作业所需的基础知识，明确检查设备和工具、执行场地防护、执行车辆防护、执行人身防护、记录车辆信息五个工作环节的具体要求，能够处理在执行电池管理系统电源故障作业准备过程中遇到的困难，自主冷静思考，养成分析问题和解决问题的能力。

- 检视系统部件阶段

在检视系统部件阶段，理解掌握拔下电源负极、检查高压接头是否有松动、检查相关部件是否有损坏、检查 BMS 电源回路是否完整无断裂四个工作环节的具体要求，此项任务工作量小但责任重大，需要进行全面的检视，切忌遗忘部件。所以在执行任务的过程中需要严于律己、注重团队配合，养成团队协作、爱岗敬业的职业素养。

- 检测系统部件阶段

在检测系统部件阶段，理解掌握检测蓄电池电压及检查 BMS 模块熔丝、BMS 模块线束插接器（端子电压）、BMS 模块线束插接器（接地端子导通性）的步骤和方法。使用万用表电阻档、电压档进行检测时，要认真读取、记录数据，并与标准电阻值、电压值进行对比，其测量数据的准确与否直接影响检测结果。所以在日常工作中，要具备严谨规范、精益求精的工作态度。

- 检修系统部件阶段

在检修系统部件阶段，需要掌握正确更换或维修蓄电池、相关线束的方法。在日常工作中，面对不同损耗状态的部件和线束，需要诚恳、真实地告知车主，并且根据实际情况给出最优维修方案，所以在工作中应具备诚信友善、追求创新的职业精神。

- 复检验收车辆阶段

在复检验收车辆阶段，需要掌握车辆标准上电、启动车辆、整理清扫的理论知识，并能付诸实际操作中。随着技术的发展进步，汽车更新迭代迅速，作为一名未来汽车维修工作从业者，在面对不同的车型时，需要能懂、能开、能修，这就要求我们具备终身学习的意识。

参考文献

[1] 姜大源. 职业教育学研究新论 [M]. 北京：科学出版社，2003.

[2] 石伟平，徐国庆. 职业教育课程开发技术 [M]. 上海：上海教育出版社，2006.

[3] 孔超. 纯电动汽车电池及管理系统拆装与检测 [M]. 北京：机械工业出版社，2018.

[4] 吴海东，袁牧，苏庆列. 新能源汽车动力电池及管理系统检修 [M]. 北京：机械工业出版社，2022.

[5] 景平利，敖东光，薛菲. 电动汽车检查与维护 [M]. 北京：机械工业出版社，2017.

[6] 何洪文，熊瑞. 电动汽车原理与构造 [M]. 北京：机械工业出版社，2018.

[7] 杨效军，朱小菊. 电动汽车结构与原理 [M]. 北京：机械工业出版社，2018.

[8] 严中华. 职业教育课程开发与实施：基于工作过程系统化的职教课程开发与实施 [M]. 北京：清华大学出版社，2009.

[9] 秦国锋，黄春阳，糜沛纹，等."课证融通"视野下职业教育课程开发路径 [J]. 职业技术教育，2021（23）：39-44.

[10] 秦国锋，李国帅，糜沛纹，等."岗课赛证"融通视阈下职业教育课程开发：要义、策略与路径 [J]. 职业技术教育，2022（32）：42-48.

[11] 吴全全，王茜雯，闫智勇，等. 新时期职业教育活页教材开发流程与开发策略 [J]. 职业技术教育，2022（14）：18-24.